「認知バイアス」最強心理スキル45

脳のクセを徹底活用!

神岡真司

清流出版

まえがき

脳には特有の「クセ」や「偏(かたよ)り」があり、私たちの判断を誤らせ、人生を狂わせる！

経済学に認知科学を融合させた「行動経済学」という分野で、2002年にノーベル経済学賞を受賞したのが、イスラエル出身の米国の心理学者ダニエル・カーネマン博士でした。

カーネマン博士は、私たちの脳がどのような思考経過をたどって「判断ミス」や「過(あやま)ち」に導かれるかを研究したのです。それが今日、「**ヒューリスティック**」や「**認知バイアス**」といった言葉の広がりとともに、人間の行動理解に大きく貢献してくれています。

人は、物事をとらえる際、その多くを直感で判断しています。

瞬間的、無意識に考える脳の「システム1」を機能させ、「これはオトクだから買おう」とか、「危険だから近づくのをやめよう」などと判断し、行動に移しているのです。

これは、私たち人類の生存戦略に直結する、極めて重要な脳のはたらきです。

しかし、簡単に「直感」で判断できず、「熟考」を要する事柄の場合もあります。

「どうやってこの商品の売上を伸ばすか」とか、「この人と結婚すべきか」といった問題に直面した時です。こうした場面で人は「システム1」の直感に導かれつつ、論理的かつ理性的思考を行う脳の「システム2」を起動させて考えます。こちらは脳に多大な負荷がかかるため、「システム1」が「速い思考」、「システム2」が「遅い思考」と呼ばれています。

ところで、「システム1」にも、「システム2」にもそれぞれ欠陥があります。

「**ヒューリスティック**」とは、「経験則」ともいいますが、主に「システム1」での判断の際、複雑な問題を「簡便な事例」に置き換える作用のことを指します。速く答えが出せるものの、置き換えた事例が適切でない場合もあり、これが「システム1」の弱点を導きます。

また、ある特定の状況下で起こる認知の「**偏り**」や「**歪み**(ゆが)」によって、さらにバイアスのかかった直感的判断も下しがちで、これが「**認知バイアス**」と呼ばれる現象になります。

そして、「システム2」にも欠陥があります。睡眠不足などの体調不良で、熟考が面倒になると、「システム1」の出した誤った答えに便乗するといった怠惰なケースもあるからです。

こうした**ヒューリスティック**への過度の依存で生じる「**認知バイアス**」は100以上もあるといいます。つまり、私たちは、この脳による独特の作用である「偏見」や「先入観」に満ちた「**認知バイアス**」により、日常生活から人生に到るまでの、膨大な判断に重大な影響を及ぼされているわけです。

ここで、「システム1」と「システム2」が起こすエラーの事例をひとつ見ておきましょう。「システム2」は、本来「システム1」の提案した考えや行動を監視し、制御するものです。

しかし、次のように直感の「システム1」の答えを、すぐに正しいと信じることも、ままあります。次の問題に、あなたならどんな答えを導き出すでしょうか。

バットとボールは、合わせて1ドル10セントです。
バットはボールより1ドル高いです。
ではボールはいくらでしょう？

あなたの直感による答えは「ボールの値段は10セント」ではないでしょうか。

しかし、「ボールの値段は5セント」が正解です。

なぜなら、ボールが10セントなら、1ドル高いバットは、1ドル10セントになります。ボールが10セントで、バットが1ドル10セントなら、合計すると1ドル20セントになり、合計額の1ドル10セントを上回るからです。

カーネマン博士によれば、この「バットとボール問題」に答えた大学生は数千人にのぼるものの、驚くべきことに名門といわれるハーバード大学、マサチューセッツ工科大学、プリンストン大学の学生の5割以上が、この問題に間違った回答をしたといいます。

「システム2」も、このように「システム1」の直感にまんまと引きずられて騙(だま)されます。人は、動物と比べ、はるかに「知能が高い」という思いがあります。しかし、人には数多くの弱点があることを自覚することが重要です。

「人は錯覚する」「人は忘れっぽい」「人は思い込みをする」「人は注意を怠る」「人は感情的になる」「人は怠ける」「人はパニックを起こす」……などなどです。

「**ヒューリスティック**」や「**認知バイアス**」の罠にはまることなく、むしろ、これらを上手に活用することで、私たちの日常生活や人生に生かしていくことが大切でしょう。

本書で「**認知バイアス**」の数多くの事例を知れば、そこから導かれる賢い「防御」と「攻勢」の知見を身に付けていただけることと確信しています。

著者

第1章 魅力的に見せる

第2章 「スゴイ！」と心を動かす

第3章 「NO！」を「YES！」に変える

第4章 ハートを撃ち抜く

第5章 交渉を有利にする

第6章

認知バイアスを読み解く

第7章

男と女の認知バイアス

第8章 攻めと守りの認知バイアス

第1章

魅力的に見せる

1 自分の存在をアピールする

代表性ヒューリスティック

代表性ヒューリスティックは、対象を直感で判断するために起こる「脳の偏(かたよ)った決めつけ」です。

何か少しでも目立つ部分や特徴づける部分があると、それが全体を表しているかのように錯覚してしまうのです。

人に対してだけでなく、モノや事象に対してもはたらきます。

有名な例に「**リンダ問題**」があります。次はリンダのプロフィールです。

※リンダは31歳の独身女性、大学時代は哲学専攻で、差別や社会的不公正の問題に関心があり、反核デモに参加したこともあります。

すごいなキミ！
アメリカで生まれたん
だって？
英語ペラペラ
なんでしょ？
いや〜〜っ！
生まれたのは
アメリカ
だけど、
3歳で帰国
したので
英語は全然……

物事を代表的な事項で直感的に決めつけてしまう…

さて、現在のリンダは「銀行員？」、それとも「フェミニズムに関心のある銀行員？」――と尋ねると、たいていの人が「フェミニズムに関心のある銀行員」と誤答します。ただの銀行員であるほうが確率が高いのにです。

代表的、典型的と思ったこと（要素）を過大に評価しやすい傾向、これが代表性ヒューリスティックです。誰もが持っている脳のクセなのです。

たとえば、「あの人は東大卒」と聞くと、「すごく仕事ができそう」などと思いがちです。頭はよいとしても、実際に「仕事ができる」のかどうかはわかりません。

にもかかわらずこの時点でそう思ってしまうのは、先入観や経験に基づく「**社会的要素**」による直感的判断をしてしまう傾向が人にはあるからです。人物をひと目見ただけでも、このバイアスははたらきます。折り目正しい服装の人は、そこはかとない知性や教養を感じさせますが（「**外見的要素**」）、粗野な言動の人は、乱暴な気質の人にも思えてくるので警戒心を抱かせます（「**性格的要素**」）。

代表性ヒューリスティックは、このように「**社会的要素**」「**外見的要素**」「**性格的要素**」の3点において、その威力を発揮していることがわかります。

自分の存在感をより強く周囲に示したいならば、これらの要素での**代表性ヒューリスティック**を存分にはたらかせるようにするとよいでしょう。するとあなたへの注目度、関心度、期待値も上がっていきます。

「**社会的要素**」では、自分の強みや弱みを分析し、好感度が上がる要素をそれとなく周囲にアピールしていくことです。「学生時代はずっと野球部」で根性と体力のあるイメージを、

「趣味は料理」で家庭的なイメージを、といったさりげない自分語りが、属性を形づくってくれるのです。

「**外見的要素**」では、髪型、容姿、身なりの他に顔の表情にも気を遣いましょう。自分に重厚感を出したいなら黒系の服を選びます。性的魅力度をアップさせたいなら赤系の色を服装の一部分に取り入れるようにします。爽やかに見せたいなら青や白系の服装が好感度につながり、目立ちたくない時はグレー系（灰色）で統一がよい——と**色彩心理学**は教えてくれています。そして快活な笑顔を多く見せることで、明るい人柄も外見から演出できます。

「**性格的要素**」では、話し方を工夫し、明瞭、快活、丁寧な口調にこだわりましょう。早口で話すクセがあれば、落ち着いて格調高く話すようにします。そして誰にでも親切に接します。親切で性格のよい人には人が寄ってくるでしょう。

まとめ
よい先入観を持たれるようにふるまい、存在感を放とう。

2 強力な味方＝理解者であることを演出する

バーナム効果、自己確証動機

人間は悩む動物です。悩みの内容は、些細なことから重大なことまで、いろいろあるでしょう。しかし、悩みを突き詰めていくと、おおむね４つのカテゴリーに収まります。

①健康　②お金　③人間関係　④将来

「よく当たる」と評判になる「占い師」は、このことをよく知っているため、４つのカテゴリーのどれかを当てはめ、初対面のお客を一瞬にして虜（とりこ）にするのです。

占い師「お金と人間関係についてのお悩みですね」
お　客「えっ、そ、そうですけど……。よくおわかりですね……(汗)」

キミは実にいい
人相をしているぞ！
将来必ず、大成功
する！
なんたって
我慢強くて
忍耐力抜群
だからね！
太鼓判！
えっ？
ホント
っすか!?
やっぱ、
バイト辞めるの
やめよっかな…
相手をほめると、人間関係がスムーズに！

お客は、生年月日を尋ねられ、手相を診られるといった自分自身に特化された占いの儀式の後に、「お金と人間関係の悩み」などと断定されると、たいていの場合、当てられた気分になります。

誰にでも当てはまることを告げられただけなのに——です。

占い師の抽象的な言葉を、お客は自身の具体的な悩みに自ら結び付けてくれます。「実はリストラされ、就職が決まらず……」などと悩みを吐き出していくことでしょう。

誰にでも当てはまりそうな抽象的なことでも、お客に直接該当することとして断定的に伝えると、お客は自分を理解され、自分の内面を見透かされたような気になります。これが「**バーナム効果**」と呼ばれる**認知バイアス**なのです。

その時点から、明るい未来を予言されればハッピーな気分になり、暗い未来を暗示されれば不安に駆られます。自分を理解する人からの言葉ゆえに効くのです。どうせ伝えるなら、明るい未来を伝えてあげたほうがよいでしょう。

バーナム効果によって、「この占い師は自分のことをよく理解してくれる人だ」――こういったお客の思いが刷り込まれるのは、こういうプロセスがあるからです。

ところで、人には誰でも「認められたい」「ほめられたい」といった「承認欲求」があるものです。ゆえに、「ごもっともですね」「きみの言うことはいつも正しい」などと肯定的に自分をとらえてくれる人を好きになり、否定的な人は遠ざけたくなります。こうした心理を「**自己確証動機**」といいます。つねに自分の味方や理解者に囲まれていたい――と願う心理を指します。

誰かとコミュニケーションを深めたい時、こうした「**バーナム効果**」や「**自己確証動機**」などの**認知バイアス**を活用するとスムーズになります。

「ぼくは、多くの成功者の評伝を読んでいるけど、きみの考え方は建設的で気が利いていて、成功者に通じるものが揃っているよ。将来きっと出世するはずだ。きみの考え方の前向きなところには、いつも感心させられているからね」

「きみは○○」「あなたはきっと○○になる」などと、相手の現在や未来を肯定的にとらえてあげます。そして相手に同調し、共感を覚えていることを伝えます。するとみるみるうちに、相手は、あなたが自分を理解し応援してくれる存在のように思うのです。自分の内実をよく知る人には信頼を寄せたくなっていくわけです。

まとめ **自分のことがわかってもらえると思われれば、信頼してもらえる。**

3 自分にだけいつも親切にしてもらう

ラベリング効果、一貫性の原理

人は誰でも、自尊心を持っています。いつも否定的に扱われていると、「どうせバカだよ」「俺はできそこないさ」などと、ヤサぐれていきます。

だんだんミスを気にしなくなり、愚かな行動を取っても平気になっていきます。

心理学ではこれを「**ゴーレム効果**」と呼んでいます。

人を誹謗（ひぼう）するのはよくないのです。モラハラは人の心にダメージを与えます。

では、いつもほめている、讃えている場合はどうでしょうか。

人はほめすぎると増長し、評価者を小バカにするようになることもあり、適度なレッテル貼りでほめていると、よい意味でこちらの期待に沿うようになります。

部下からの仕事が早く上がってきた時には、「仕事が速いね」とタイミングよくほめてあげます。すると、部下の仕事の効率がどんどん上がっていきます。

同僚にパソコン操作を教えてもらう際には、「パソコンの達人だものね」などとひと言添えておくとパソコン操作で困った時、いつでも頼みやすくなっていきます。

新婚当初は、奥さんの手料理がイマイチかもしれませんが、何か一品でも「これはうまいね」などとほめ続けていると、奥さんの料理の腕が上がっていきます。

このように、同じレッテルを貼り続けてほめる「**ラベリング効果**」はよく知られていますが、なぜ、よい結果へとつながるのでしょうか。

自尊心がくすぐられて快感——ということもありますが、「よい人物像」のレッテルを貼られると、その人物像を継続して演じたいという「**一貫性の原理**」がはたらくからです。

つまり、誰かによいイメージのレッテルを貼られると、つねにそういうよいイメージの人

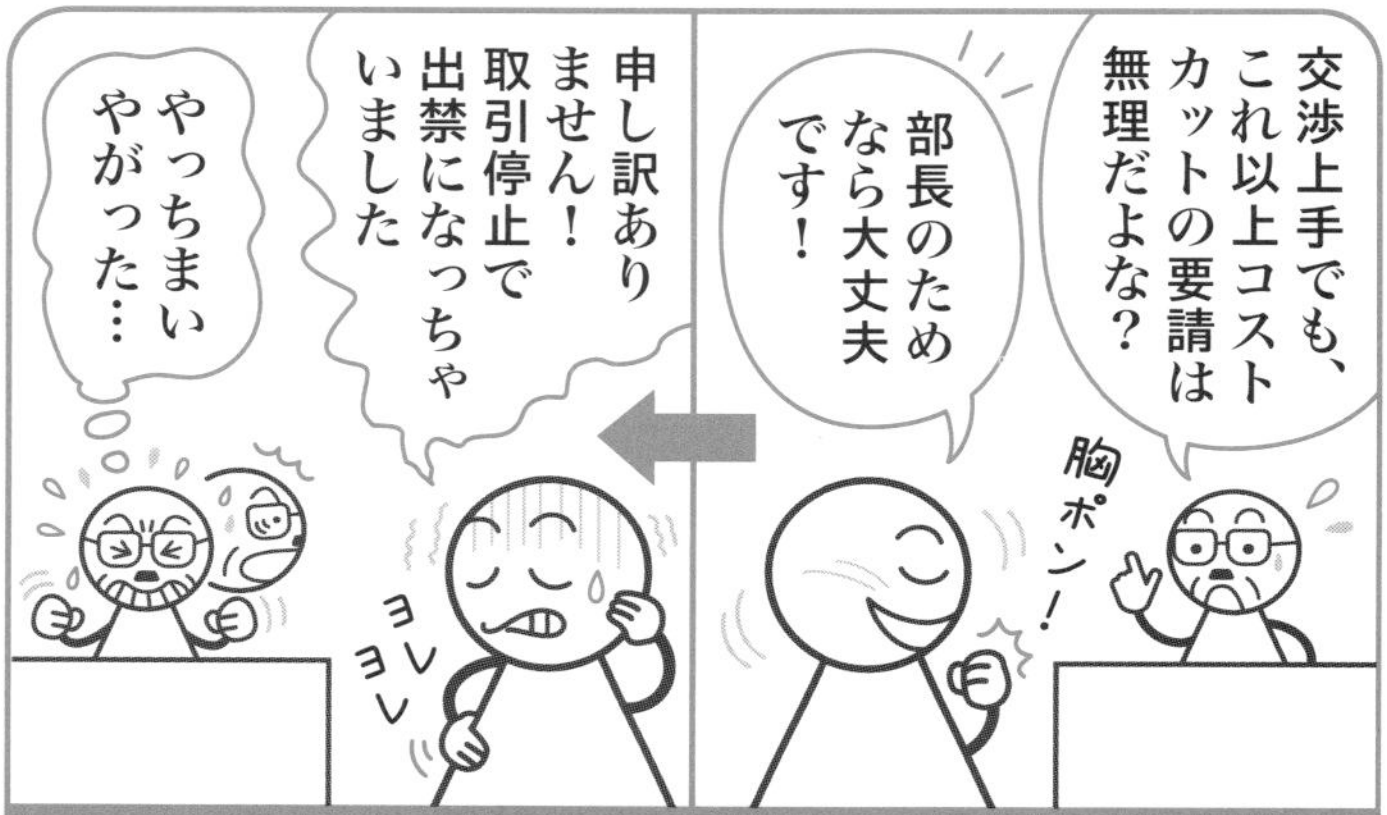
交渉上手でも、これ以上コストカットの要請は無理だよな？
部長のためなら大丈夫です！
胸ポン！
申し訳ありません！取引停止で出禁になっちゃいました
ヨレヨレ
やっちまいやがった…
調子に乗りすぎの安請け合いは禁物！

物像を演じて、レッテル通りに対応したくなるのが人間なのです。

「いつもご親切にありがとうございます」などと感謝を伝えていると、相手は自分に、つねに親切に対応してくれるようにもなるのです。

では、こうした人たちへ、こちらの要求水準をもう一段アップさせたい時には、どうすればよいのでしょうか。

相手のよいレッテルを明示してから、「だけど、〇〇の場合は、さすがのきみでも無理だよね？」などと、ほんの少し見くびるような質問を付け加えるのです。

「きみは仕事が速いけど、さすがに〇〇の案件

だと、時間がかかるよな？」

「きみはパソコン操作の達人だけど、こういったケースの操作は難しいよね？」

「きみは料理が上手だけど、あと一品、中華風総菜を増やすのは無理かな？」

「いつものご親切には大感謝ですが、さすがにこういうのは無理でしょうか？」


こんな言い方をされると、ちょっぴり反発心が湧くでしょう。

すると、「いやいや、そんなの大丈夫」とばかりに請け合ってくれるはずです。

「**一貫性の原理**」に背中を押されるからです。

よいレッテルを貼られているので、ＯＫしないと沽券（こけん）に関わるわけです。

希望通りワンランクアップの要求が満たされたなら、大いに感激し、激賞してあげることを忘れないようにしましょう。

まとめ
「よい人物像」のレッテルを人は維持したくなる。

4 刺激を与えて認知を揺るがす

ゼイガルニク効果、カラーバス効果、カクテルパーティー効果、カリギュラ効果

人の認知は、ちょっとした刺激でさまざまなバイアスが生じます。

テレビドラマを夢中で鑑賞中、誰かに中断されると物語のその後が大いに気になります。ドラマの佳境で「次回に続く」となると、次回も見逃せなくなります。

問題を解いている最中に制限時間がくると、後あとまで、その問題が気になります。どうすれば正解にたどり着けるのか、あれこれ考えてしまうのです。

突然恋人から別れを告げられると、その恋人を忘れられずに、ストーカーになるケースもあります。交際の突然の中断でプライドを傷つけられたからです。

人は達成できた事柄よりも、達成できなかった事柄の記憶が執拗に残ります。途中で挫折したり、中断させられた場合も同じです。

これが「**ゼイガルニク効果**」です。達成できなかった事柄への執着を招きます。意向が制限されて「**心理的リアクタンス（抵抗・反発）**」を起こしたのです。

この「**ゼイガルニク効果**」は人の気をそそるのに適しています。

マーケティングでは、電子書籍を途中まで試し読みさせて、続きは有料登録しないと読ませないようにしたり、短いテレビＣＭで面白い動画を見せておき「続きはＷｅｂで」などと告知して終わるテクニックでも使われています。

デートの別れ際に「大事なことを伝えたいけど、それは今度会った時にね」などと告げられると、早く聞きたくて次回のデートが待ち遠しくなります。

ちょっとした「中断の設定」で、相手の気を引く効果は強化されるのです。

また、自分に気にかかることがあると、関連する事柄がよく目に留まります。

次に買いたいと思うクルマがあると、街中で、そのクルマばかりがやたらと目につきます。

結婚したいと思うようになったら…
やたらと適齢期のオトコたちの姿が目に入ってくるようになっちゃったわ…

“何かを気に留める”と「選択的知覚（カラーバス効果）」がはたらく!

あるいは、太ったことを気にする人は、「脂肪」「痩身」「糖類ゼロ」「〇△ダイエット」などの言葉が飛び込んできやすいでしょう。ゆえに、広告には商品名より、そんなキーワードばかりを使いがちなのです。

このように無意識に「**選択的知覚**」がはたらくケースを「**カラーバス効果**」と呼びます。「色を浴びる」という意味で、特定の色が目につく現象が由来なのです。

なお、「**選択的知覚**」のうちでは、喧噪のなかでも、自分の興味のある事柄や自分に関連する言葉が聞き取れてしまう「**カクテルパーティー効果**」という現象もよく知られます。「〇〇さんはケチだよな」などと小声で陰口をたたいたつもりが、意外にも本人の耳に届いていたりするケースもあるので、気をつけないといけません。

何かを禁止する——というのも**心理的リアクタンス**が生じるため、認知にストレスがかかります。ゆえに禁止されたことをかえってやりたくなります。

「○○さんは遊び人だから、誘われてもデートしちゃ駄目よ」などと吹き込まれると、かえって興味津々になって、誘いに乗ってみたくなるでしょう。

このように、何かを禁止するのが「**カリギュラ効果**」です。かつてローマの暴君を描いた映画「カリギュラ」が、その内容が残酷すぎるとして米国ボストン市などで上映禁止となり、多数の市民が、隣の市まで観に行ったことに由来する**認知バイアス**なのです。

まとめ **中断、禁止は興味をそそる。**

5 もったいないと思わせる

サンクコスト効果（コンコルド効果）

「**サンクコスト効果**」に呪縛（じゅばく）されると、認知は不合理な方向に傾きます。

サンクコストとは、埋没（まいぼつ）費用のことをいいます。

これまでに費やした「お金」「時間」「労力」が多いほど、途中でやめてしまうのが惜しくなり、やめられなくなることを意味しています。

「今やめたらもったいない」「せっかくここまできたのだし」といった心境に支配され、未知のモノや変化を怖れる「**現状維持バイアス**」もはたらくからです。

かつて、英仏が共同開発した超音速旅客機「コンコルド」は、開発途上で騒音問題、環境への負荷、開発費の高騰、開発の遅延などのさまざまな問題を抱え、就航しても採算が取れないと見込まれました。

しかし、これまでに費やした埋没費用が「もったいない」とされ、今後量産すれば将来の希望も持てる——と完成させます。

そして、定期航空路線に就航させたものの、墜落事故を起こした挙句、やはり収益の改善が見込めないとして全機退役させたという事例があったのです。

このことから、「**サンクコスト効果**」は「**コンコルド効果**」とも呼ばれます。

- **宝くじやギャンブルに長年賭けてきた過去が無駄になると思うとやめられない。**
- **バイキングの食べ放題店で、元を取ろうと必要以上にガンガン食べてしまう。**
- **何年も使っていない昔買った高価なモノを捨てられない（服やカバンなど）。**
- **何年も赤字の事業を、あれこれツギハギ追加策を施し続けてやめられない。**
- **映画を観始めたけれど、面白くないのに入場料が惜しいので最後まで観ていた。**

告白されるたびにA男、B男、C男とももったいないから同時交際してきたけど…
食事代に困らなくなったのはいいけど…
今度、D男からも告白されて4人同時交際になるとアタシこれからどーなるのかしら…

「サンクコスト効果」に呪縛されると迷宮にはまる!

●ダムや橋などの公共事業が採算の見通しが立たないとわかっても中止できない。

こうした例には事欠きません。

とりわけ、巨額の税金がつぎ込まれ、将来的にもさらに莫大な維持費がかかってくる公共工事のケースは、むごいことこの上ないといえます。

「やめられない・止まらない状態」は、もはや取り戻せない過去の「埋没費用」だけでなく、将来にわたっても悪影響をもたらします。

合理的な判断を下して、途中でも「損切り」で中止することが第一に重要です。

人間関係においても、「**サンクコスト効果**」の呪縛に陥った例は枚挙にいとまがありません。

●ケンカの絶えない夫婦が、子供が大きくなるまで——の理由で別れられない。
●DVの彼氏なのに、今まで過ごしてきた歳月を思うと惜しくて別れられない。
●キャバ嬢に貢いできた過去を惜しんで、キャバクラ通いがやめられない。

要するに「もったいない」と思わせれば、引き留めることができるのです。

逆にいえば、「お金」「時間」「労力」を使わせれば使わせるほど、「**サンクコスト効果**」の罠にはめることもできます。

「もったいない精神」を説かれて、正常な認知を歪(ゆが)められないことが大事です。

まとめ
「もったいない」と思うとやめられなくなる。

6 高速で仲良くなる

共通項・類似性の原理

初対面の時、私たちが相手に持つ印象は、最初のわずか数秒でつくられます。そしてそのイメージは、後あとまで尾を引きます。

これを「**初頭効果**」といいます。

初対面では、お互い緊張感をもちながら、ぎこちなく当たり障りのない会話をするものですが、これは相手に「よくない印象」をもたれたくないからです。

ところが、そんな会話を交わすなか、突然お互いが覚醒したかのように、会話が弾む瞬間があるものです。

それは、相手と自分に共通する事柄を見つけたり、非常に似ている部分を発見した時でしょう。

どひゃ〜っ!
きみ、女の子なのに、オートバイで通勤してるのーっ!
ぼくと同じだ!
そうなんですよ風を切るのが大好きで!
今度ツーリングでも行きましょか〜っ!

共通点を見つけると盛り上がる!

趣味が同じだった、郷里が近い、専門分野が類似、家族構成がそっくり、好きな食べ物が共通していた……好きなことや苦手なこと、嫌いなことなど、相手と自分に共通すること、似ているところがあると、急に会話が盛り上がるのです。

自分と相手がどこか底流で通じ合っている感覚が湧き、たちまち同類や仲間のように思えてくるからです。初対面なのに、昔からつながっていたかのような錯覚に襲われるのです。これが「**共通項・類似性の原理**」が導く現象です。

この**共感バイアス**は非常に強力なので、使わない手はないでしょう。

あなたが意中の人にアプローチする時、もってこいの武器になるからです。好きな異性、取引先の相手、苦手な上司、ライバル関係の同僚など、誰にでも使えて短期間で親しくなれる、「魔法のワザ」として覚えておきたいものなのです。

まずは、親しくなりたい相手をリサーチすることです。

相手の出身地や出身校、関心のある分野、好きなモノは何か——。それらを把握しておけばアプローチも簡単です。

相手の嗜好や苦手な事柄に、自分を合わせればよいだけだからです。

相手がメジャーリーグの熱狂的ファンなら、あなたも勉強して詳しくなっておきましょう。相手に好きなタレントやテレビ番組があるなら、あなたもよく研究しておきましょう。入念な準備が整ったら、いざ出陣です。

「部長、ゴルフを始めたいんですが、道具はどんな感じで揃えればよいのでしょうか、ご教示いただけないかと……」

「〇〇のライブチケットが手に入ったんですが、よかったら差し上げましょうか？」

こんな感じでさりげない軽いアプローチから始めていきましょう。

なお、相手の苦手なモノ、嫌いなモノを把握している場合は、教えてあげたり、代わってあげることでも親近感を深められます。これを「**相補性の関係**」といいます。

「私でよければ翻訳しましょうか」「クルマの運転でしたら、お任せください」

自分の弱点や欠点を補ってくれる人は、「救世主」のような存在になれるのです。

まとめ **親しくなりたければ、共感バイアスを活用して相手に近づこう。**

第2章

「スゴイ!」と心を動かす

7 本質を見誤らせる

ハロー効果

認知バイアスで有名な作用に「**ハロー効果**」があります。

「**ハロー（halo）**」とは、後光や光輪のことで、聖像などの背後に施された飾りで、聖像を引き立てる役割を担っています。

美男子や美女を目にすると、まるで後光が放たれているかのように、その容姿にほれぼれとさせられます。そのため、無意識にその人の「能力や人柄」といった人物の全体までもが輝いて優秀と思わされるのです。

実際、こういう人たちは、学校時代に教師からの成績評価がよかったとか、裁判で有利な判決が下された——といった美男美女が優遇されたという研究報告が沢山あります。

一部分の優れた魅力が、全体の評価までをアップさせた例なのです。

きみってキレイだね！

美人だね！

かわいいね！

最高だね！

この人いつも外見をほめるけど…

本当のアタシを知ったらどうなるかしら…万引で捕まったり、ギャンブルで100万円の借金もあるし…

「容姿」がよければ、中身もグレードアップされる

これは、「**代表性ヒューリスティック**（項目1、14頁）」と同じカテゴリーに属する**認知バイアス**で、「**社会的要素**」「**外見的要素**」「**性格的要素**」において、特徴づけられる点では同一ですが、**代表性ヒューリスティック**の「リンダ問題」などの**連言錯誤**（れんげんさくご）**（特殊な状況のほうを重視すること＝合接の誤謬**（ごびゅう）**）**を伴わないところが異なります。

年収が高いと聞かされて「頭がよい人」と全体評価したり、きちんとした身なりで「知性と教養」を感じさせられたり、貧しい人たちへの献身的奉仕活動で「高潔な人格者」などと思わされるのは、すべて「脳の偏り」や「脳のクセ」によるものなのです。

つまり、人物の本質を見誤っての「すごい！」という勝手な判断――ということになるのです。

なお、「**ハロー効果**」は、たいていポジティブにはたらきますが、際立った悪い特徴が、ネガティブにはたらく「**ホーン効果**」というのもあります。

ハロー効果で、「すごい！」と周囲に思わせる**認知バイアス**には、いろいろな応用例があります。

たとえば、容姿に自信のない男性は、美女と連れ立つことで、「こんな美女を従えているのは、きっとスゴイ人なんだ！」と思わせることができます。

親が有名人なら、「あの人、ぼくの父なんです」と言うことで、親の七光りを利用して、自分も「すごい！」と称賛させられます。

インスタグラムで、高級ホテルの会食風景ばかりをアップすれば、「この人きっとエグゼ

クティブでスゴイ！」となります。

いつも高級ブランドで身を固めていれば、「この人、金持ちでスゴイ！」ともなるのです。

世間は**ハロー効果**に満ちています。ゆえに私たちは騙(だま)されます。

極めつきは、この効果を最大限に活用する「詐欺師」たちでしょう。

優秀な人物を偽装して、結婚をエサに金品を詐取する「結婚詐欺師」。

地主に成りすまし、インチキな土地売却取引で大金を奪う「地面師」。

繁盛会社を偽装し、商品を仕入れ、不払いのまま逃げる「取り込み詐欺」。

ハロー効果の舞台装置に騙されないよう、気をつけましょう。

まとめ　**ハロー効果に、人は騙されやすい。ご注意を！**

8 「数字」を使って信憑性を高める

シャンパルティエ効果、フレーミング効果

「数字は正確」「数字はウソをつかない」と信じる人は少なくありませんが、数字本体は真実でも、単位を換えたり、切り貼りしたり（**シャンパルティエ効果**）、伝え方を変えるロジックひとつで（**フレーミング効果**）、いくらでも人の認知はごまかせます。

有名なエナジードリンクの宣伝に「タウリン1000mg配合」があります。

単位を換えて数字を誇大化することで、たった1gの配合量でも「すごいたっぷり感」を示せます。こんな例は、世の中にゴマンとあります。

- 「本日の特別企画は50人に1人、お買い上げ代金無料！」（該当者2%）
- 「レタス10個分の食物繊維！」（レタスは食物繊維が非常に少ない野菜）
- 「レモン50個分のビタミンC」（1個分のレモン果汁に含まれるビタミンCは20mgゆえに合

当社のこのサプリメントですが、顧客満足度はなんと98%なんです！
すげぇ！
100%に近いじゃん！
当たり前だよな…1年以上継続してくれてる顧客へのアンケートだから、満足度は高いのよね

都合のよいデータが活用される！

計しても1g）

- 「1日たった28円で健康が買える浄水器！」（商品代3万円を3年分割）
- 「ご愛用者1００万人突破！」（日本の人口の０・８%にすぎない）
- 「この手術の成功率は95%！」（失敗したり死亡する人が5%はいる）
- 「年末ジャンボ宝くじ1００万円以上当選者5０００人」（確率10万分の1）

スーツ量販店に行くと、「2着目1０００円！」などと、「すごい」表記があって驚かされます。1着買うより、2着買うほうがおトクに見えます。

ホントでしょうか。

A店では、特別激安セールと銘打って「スーツ1着9800円」です。

B店では、「1着1万6000円」ですが、2着買えば1万7000円となって「1着当たりでは2分の1なので8500円」になります。

1着だけ買うならA店のほうが安いものの、2着買うならB店のほうが1着当たり1300円安く、お客にとってはB店で買うほうがおトクです。

どちらの店がおトクか、ちょっと考えればお客はB店に行くでしょう。

では、A店よりも1着当たりのスーツ金額が安いB店のほうが、A店よりも儲かっていないのでしょうか。

実は、トータルで考えれば、B店のほうが儲かっています。

量販店のスーツは、カジュアル衣料と異なり、たとえイージーオーダーでも、生地選びや採寸などに手間がかかり、販売コストが高いからです。

A店もB店も、仕入値が同じ3000円だとして比較してみましょう。

●A店の粗利益は売価9800円－仕入値3000円＝粗利6800円
●B店の粗利益は売価1万7000円－仕入値6000円＝粗利1万1000円

スーツは1着で売るより、2着のセット販売で売ったほうが、お客も店もトクをするのです。スーツは、1着売るのでも、2着売るのでも手間は同じです。いっぺんに、2着売れれば、人件費などのコストも1着分ですむのです。ゆえに、「1着当たりに換算すると、すごい安さ！」とお客に思わせ、まとめ買いに誘導するほうが、利益向上に直結するわけです。

数字のトリックは、日本政府も国民を誤誘導し、洗脳するために使っています。たとえば「年金」ですが、民間の各種試算では現在50代以降の勤め人は「現役時代の年金保険料が老後に払い損」になります。しかし、厚労省は物価上昇率や賃金上昇率を都合よく操作し、会社折半分の保険料を除外したデータを公表して、現役時代の払込保険料を小さく見せ、老後の受給年金が多いと見せかけます。現在20代の勤労者は3割以上支払い保険料総額で損をするのが確実なのにです。

まとめ　数字の持つ説得力に人は心を動かされる。

9 「一番人気」という栄光のアピール

バンドワゴン効果、ナンバーワン効果

巷の商品やサービスの広告には「売上№1」「顧客満足度第1位」「累計販売額トップ！」などの惹句が溢れています。「売上1位」や「トップ」という言葉の響きは強力だからです。こうした「ランキングトップ」の商品だからこそ、「すごいな！」「人気があるんだ！」と目を輝かさせる効果があるのです。

そして、その惹句の下には小さな文字で「○○調査による」などの出典根拠が示されています。数値の信憑性を高めるためです。

公正取引委員会の調べでは、「№1」表記が多い商品分野は、食品（22％）、家電製品（19％）、化粧品（18％）の順に多く、サービス分野では、住宅関連が24％と圧倒的で、学習塾

（17％）、携帯電話（9％）と続きます。

ケーキ屋さんのショーケースにも、「当店人気No.1！」といったPOP（ポップ）があると、そのスイーツにばかり目が向くでしょう。

家電量販店で「エアコン売上ベスト3」の表示があれば、やはりトップ製品と2～3位製品との価格や性能評価の比較が気になります。

注目度アップとともに、たちまち「**バンドワゴン効果**」に襲われた心境にもなるのです。

バンドワゴンとは、パレードの先頭で音を鳴らす楽隊車を意味します。

パレードの流れを導く役割から、「多勢に与（くみ）する」「時流におもねる」「勝ち馬に乗る」といった意味があります。大衆は支持が多いものに惹きつけられるのです。

書籍の帯には、よく「10万部突破！」とか「シリーズ累計450万部！」などの惹句を見かけますが、つい手に取ってしまうのは、多数派になびくことで得られる充足感、流行に乗り遅れずにすむ安心感、需要を分かち合える満足感といった心理状況に陥るからなのです。

きみってテニスが相当うまくてチャンピオンになったそうだね
スゴイね！
たは〜っ！
このへんの横町のチャンピオンっすよ！おこがましい…
横町のチャンピオンでも No.1 はNo.1！

こうして多くの人たちの同調行動によって、世の中は動いていきます。

職場のコミュニケーションの潤滑油としても、この「**ナンバーワン効果**」は使えます。

ちょっといいな——と思える人が近くにいたら、**ナンバーワン効果**をどんどんまぶしてあげることです。

「佐藤さんは、情報収集力ナンバーワンだね！」
「山崎さんは、パソコン操作のチャンピオンだね！」
「鈴木さんは、業界ウンチクについては、社内の第一人者だね！」

こんなことをさり気なく言われたら、当人の喜びもひとしおでしょう。

自分をよく知る人から、特定のことで高く評価されているわけなので、高揚感にも浸れます。

人は、小さな事柄であっても、何かしら秀でたところを過大に評価されれば「**承認欲求**」が大いに満たされるからです。

そして、それを聞いた周囲の人たちが、「ホントにそうだね！」「うん、○○さんは、ピカイチだもんね！」などと同調の輪を広げてくれるなら、その人のちょっとした評価のうねりさえをも職場に呼び起こすことができるでしょう。

バンドワゴン効果の渦中に置かれた人は、先鞭をつけてくれたあなたに対し、きっと心の奥底で、感謝の念を覚えてくれるはずなのです。

まとめ

ナンバーワン効果で評価を伝えると効果抜群。

10 時間や労力、費用の蓄積を裏打ちさせる

希少価値・限定効果、権威づけ

滅多に食べられない料理、伝統に育まれた逸品(いっぴん)、すでに評価の定められている事象に対して、私たちは「すごい！」と敬意を払います。

そこには、「時間」「労力」「お金」の3拍子が揃って注ぎ込まれている——といった**希少価値・限定的価値**を見出すからに他ならないでしょう。

珍しいもの、作るのが大変なもの、古来から伝わるもの、高評価が定着しているものなどに、人々は「すごいなぁ！」と敬服させられます。

そこには、汎用性(はんようせい)のあるものにはない、とっておきの魅力を感じるからで、こうしたバイアスが生じるのは「**希少価値・限定効果**」によるもの——と心理学では教えてくれています。

たとえば、言い方ひとつで思考の枠組み（フレーミング）も変えられます。

「こんなに余っちゃっている」と言うのと、「もうこれだけしかないぞ」というのでは雲泥の差が生じるわけです。

人を説得する際にも、この**認知バイアス**は使えます。


「きみしかいないんだ」

「きみだけが頼りなんだ」

「きみだからこそお願いするんだ」


こんなふうに強調されると、つい首を縦に振り、ＯＫしてしまいかねないでしょう。自分の価値を「すごいよ」と高く見積もられているからこそなのです。

では、自分自身の希少価値や限定価値を説いて、相手に「すごい！」と思わせたい時には、どうすればよいのでしょうか。

奥さん、このリンゴおいしいよ！ 今朝、大量入荷したけどあと3個しか残ってないの！
ホントに大量入荷したの？ 置き場所ないのに…ただの売れ残りじゃないの？
売れ残りでも、モノは言いよう!

「NASAで開発された技術を応用しています」
「東大の○○教授が研究開発された○○の理論をベースにしています」
「○○ホテルのレストランで8年、日本料理の○○店で5年修行しました」

自分のもっているちょっと希少な特技やいいところを自分のアピールに使うとよいのです。

世の中には、著名な「権威」に訴える「**権威論証**」もはびこっています。

「パナソニック創業者の松下幸之助氏は、失敗したところでやめてしまえば失敗だが、成功するところまで続ければそれは成功になる——と

語っています。ここでやめたら、駄目なんですよ。続けましょう」
「発明王エジソンは、私は失敗したことがない。1万通りのうまくいかない方法を見つけた
だけだと語っています。この程度の失敗は失敗のうちに入りませんよ」

権威者の説くところが、必ずしも正しいとは限らないため、こうした**権威論証**はただの詭弁にすぎない場合も多いでしょう。

しかし、多くの人は、著名な業績に裏づけられた人物や学問を引き合いに出された話には、口をつぐんでしまうことが多いのです。

希少価値や限定価値に、さらなる権威が加わると、説得力が増してしまいます。

こんな場面では、黙ってうなずいてしまわずに「それって、どういうこと？」などと次々質問攻めにしていくと、論破されずにすむのです。

まとめ **希少価値、限定されたものに人は心を動かされる！**

11 あえて「逆説」にしてから口説く

認知的不協和

常識的な話をありきたりの言い回しで伝えられたのでは、心に響かない場合が多々あるでしょう。すでに自分の認識に刷り込まれている当たり前の事柄ゆえに、スルーしがちなのです。

そんな場面で有効なのは、相手の「認知」をいったん歪ませてしまうことです。ちなみに、認知とは知覚全般のことで、理解したり、判断したりといったことを意味します。

「学校は勉強するところなんかじゃないぞ」と言われれば、「え？　何で？」となります。認知が歪められるからです。思考の枠組み（フレーム）を変化させられます。

「何でそうなるのか？」――理由がわからないと、とても不快でストレスです。そのため、否応なく注目度を上げてしまいます。

そして、こう言われれば腑に落ちます。


「学校はなぁ、考える力を身に付ける場なんだよ」


「なるほど……そういうことか」と納得できると、認知は元通りに落ち着きます。要するに、言い方を逆説的にしただけなのですが、言い方次第で学校がもつ本来の役割にも気づきが与えられるのです。つまり、当たり前の言い方よりも、「すごい！」と思わせられるわけです。

逆説的な言い方は、一気に注目度を上げられる手法です。

ベストセラー書籍には、この手の逆説的タイトルがよくあります。

『嫌われる勇気』『バカの壁』『医者に殺されない47の心得』などで、物事は逆説から唱えられれば認知が歪み、注目度が上がります。


「会社は働いて給料貰う場じゃないぞ」→「社会貢献を志向する場だよ」

「仕事は指示通りでは駄目だ」→「付加価値をどれだけつけられるかが肝だ」

きみたち！　金持ちに
なりたかったら
コツコツ働いて
いてはダメだ！
まずはドカーンと
借金することから
はじめなさい！
え？
なんで？
どーして？
たちまち
認知的不協和に！

自己資金のリターンを大きくする「レバレッジ（てこの原理）」の説明

認知的不協和とは、認知が歪められて起こる不快な状態のことです。

タバコが有害というのは、今や世界的常識です。

ゆえに禁煙するのが正しい行動です。

しかし、行動を変え、認知を協和させたくても、ニコチン中毒でやめられない人は、認知が不快のままなのです。そのため、そういう人たちは「タバコが有害」という認知そのものを変えてしまいます。

●タバコは害ばかりではない。息抜きでのストレス解消が図れる。

●思考を深めたい時には心が落ち着き、有益な鎮静作用もある。
●タバコを長年吸っていても長生きの人は大勢いる。
●タバコは、喫煙所でのコミュニケーションを円滑にしてくれる。

このように、タバコが「有害」という認知よりも、タバコは「有益」という認知に変えて、合理化を図っているのです。

イソップ物語の「すっぱいブドウ」の話も、ブドウに届かなかったキツネが、「あのブドウはすっぱくて不味(まず)いに違いない」と認知を変えました。

このように、**認知的不協和**は、自己正当化の思考において、よく見られる現象です。

米国の心理学者フェスティンガーは、心理的に相容れない2つの認知を同時にもつ不快感を「**認知的不協和**」と呼び、体系づけました。

まとめ

逆説的な言い方に人は興味を引かれる。

12 自分の価値を向上させる

プライミング効果

人は過去の経験則によって、何事も冷静に判断し、行動しているように思いがちです。

しかし、実際は、行動する直前に見たり、聞いたりしたことによって、その後の行動に、かなり大きな影響が及ぶことが知られています。

これが、「**プライミング効果**」という**認知バイアス**なのです。

プライミングとは、点火薬、起爆剤、呼び水を表しています。


テレビを観ていて急に「寄せ鍋が食べたくなった」「かき氷が欲しくなった」「ビールが飲みたくなった」――などの経験は誰にでもあるはずです。

おそらく、吹雪のなか凍えそうに歩く人の姿や、あるいは夏の日照りの下で汗だくで働く人の姿――といったテレビの映像と関連して起きてきた現象でしょう。

福神漬けとらっきょうをツマミにビールを飲んでいたら…
なぜか無性にカレーライスが食べたくなったぞ…、なんでやねん？
先行刺激（プライマー）
後続刺激（ターゲット）
ビール

「福神漬」と「らっきょう」はダイエットの敵だ！

先行する刺激「吹雪で凍えそうな状況（**プライマー**）」が、後続する刺激「熱々の寄せ鍋を食べたい（**ターゲット**）」を生み出した**認知バイアス**です。

この効果を利用して、安全運転の向上を図ったタクシー会社の事例もあります。
毎週1回程度、悲惨な交通事故映像を乗車前のドライバーに見せていたところ、事故率が激減したというのです。
霊験あらたかな効能といえるでしょう。

ここはもう、「すごい人」と思われるようになるための**プライミング効果**の使い方も、併せて覚えておいてほしいところです。

職場の上司からレポートを依頼される時、「いつまでに仕上げればよろしいでしょうか？」などと締め切りだけを尋ねて仕事にかかる人は多いものです。

しかし、これでは依頼の受け方からして不適切です。

「何か留意点などありますでしょうか？」とあえて上司に尋ね、上司から「そうだね、前年比との比較がよくわかるようにしてほしいな」などの指摘をもらっておくことが大事です。上司の記憶にも、その指摘が刻まれるからです。

そして、レポートが仕上がった時も、「一応仕上がりました」などと素っ気ない態度で提出するのもＮＧなのです。

「課長からご指示いただいた前年比との比較は、図表を多く使うようにして、細かい変化もわかりやすく表現いたしました」などと、さらりと工夫点を伝えておくことが大事なのです。

これが「**先行刺激（プライマー）**」となるからです。

上司は、こうした部下のコメントを背景にレポートを読むことになるわけですが、ここから「**後続刺激（ターゲット）**」となって生きていきます。

「ほう、こりゃ、わかりやすいな。図表が多くて一目瞭然だ」などの感想を呼び、満足感にもつながりやすいからです。

これからは、得意先に手土産を持参する際にも、「つまらないものですが……」などとは、けっして言わないようにしてください。

「これ、うちの地元の人気菓子でして、時々早い時間になくなるほどに売れ行き好調なんです。ぜひ、ご賞味いただきたいと思いまして……」

謙遜するよりも、ひと言、共感を仰ぐ言葉が、「**後続刺激**」につながります。

まとめ　気の利いたひと言によって、好印象を添える。

第3章

「NO!」を「YES!」に変える

13 気の毒な状況をつくる

援助行動

「他人の不幸は蜜の味」という言葉があります。

ドイツ語の「**シャーデンフロイデ**」のことですが、シャーデンが「損害」で、フロイデが「喜び」を意味します。自分が手を下さずに、気に食わない人物や嫌いな相手が不幸な目に遭ったのを喜ぶ心理をいいます。

こんな心情に陥るには理由があります。

自分のなかにある「善と悪」という基準の感情に左右されるからです。

自分にとって「善の存在」の人が幸福になれば普通は喜ばしく感じます（快感）。

自分にとって「善の存在」の人が不幸になれば悲しく気の毒に思います（不快）。

これが本来の「**正の共感バイアス**」なのです。

しかし、自分にとって「悪の存在」の人が幸福になれば腹立たしく感じるし（不快）、自分にとって「悪の存在」の人が不幸になれば嬉しく思います（快感）。

これが「**負の共感バイアス**」なのです。

人には誰でも「妬（ねた）み」の感情があるので、時々こんな感情が起こるのです。

自分より、能力が劣っていると思っていた人が、突然自分より早く昇進したり、周囲から絶賛されるような手柄を上げると、気分が悪くなるでしょう（不快）。

あなたにとって、ふだんは「中立の存在」だった人が、急に「悪の存在」に変わってしまった——と言えるからです。

「悪の存在」である嫌いな相手などに対しては、いつも心のなかで「イヤな奴だな。何かで失敗して、不幸になればいいのに！」などと祈っているものです。

知人の大金持ちの人が不幸に遭うと、内心で「ざまあみろ！」などと思うのは、自分にとっては「悪の存在」の人だった——ということが窺（うかが）えるのです。

日頃から、無意識のうちにも、その人に対して嫉妬を感じていたわけです。

昨日は納品ストップで大変ご迷惑をおかけして申し訳ございませんでした
実は私事で恐縮ですが
自宅に泥棒に入られ、大変なことに…
ええ〜っ！
そ、そうだったの！そりゃ大変だったねーっ
ま、うちのほうは何とかヤリクリつけたから…

“気の毒な状況”を演出するとミスも帳消しに…！

こうした感情における認知メカニズムがわかると、「**承認欲求**（認められたい・ほめられたい欲求）」が強すぎて、知らず知らずに「自慢話」をしてしまう人は要注意でしょう。

周囲からは、「悪の存在」になっているかもしれないからです。

その場合、気の毒な状況に陥っても、同情されなくなってしまいます。何かのお願いごとをしても、体よく断られてしまうのです。

日頃から、周囲の人から「悪の存在でない」と思われていることは、非常に重要なことだとわかります。頼みごとをする時には、「悪の存在」のカケラもない状況であることが必要条件となっているのです。

たとえ、相手にとっての自分が「善の存在」

にまで至っていなくともよいのです。少なくとも「中立の存在」であれば、相手に対して突然「利他の感情」を引き起こさせることも可能になるからです。これを「**援助行動**」と呼びます。

「3万円入っていた財布を落としちゃって……」などと嘆いていると、昼食を奢(おご)ってもらえたり、ちょっとしたミスでも大目に見てもらえることがあるでしょう。

気の毒な状況を目にすると、人は何かしらの「**援助行動**」をしないと罪悪感を覚えるからなのです。「中立の存在」の人に対してなら、自然とそうなります。

ふつうなら断られそうな依頼や要求でも、気の毒な状況を演出するだけで、意外に簡単に通ってしまうことがある――のを覚えておきましょう。

ただし、何度もこんな手を使うと、見透かされて、〝同情〟どころか〝軽蔑〟されます。

まとめ **「悪の存在」になると人に助けてもらえない。**

14 反同調の対応で主導権を握る

ディスペーシング、不意打ち効果

人は誰かと接する時、相手の態度や心情に寄り添って会話するものです。相手のペースに合わせるので「**ペーシング（同調行動）**」と呼んでいます。

何かで悲嘆に暮れ、落ち込んでいる人と話す時には、慎重に言葉を選ぶでしょう。何かでウキウキしている人と話す時には、こちらも弾んだ声で応じます。こうすることで、お互いの立場でのコミュニケーションが保たれるからです。

ところで、パワハラ上司や悪質クレーマーが突然怒鳴りながら迫ってくると、こちらは委縮して怯えてしまいます。これも「**ペーシング**」だからです。

この時、こちらが「ええと……怒鳴るのはやめていただけませんか……」などと冷静に落ち着いた態度で接した場合には、相手はどんな反応になるのでしょうか。

相手は、「なんだと？　この野郎！」などとよけいムキになるかもしれませんが、なおもこちらが「ここは職場（お店）です。大声を出してよい所ではないはずですが……」などと冷静に続ければ相手もトーンダウンせざるを得なくなります。

「興奮した人」と「冷静な人」とが対峙するのは、「**ペーシング**」の逆の「**ディスペーシング（反同調行動）**」です。つまり相手のペースに合わせない対応なのです。

興奮した人を怖れて委縮したり、こちらも興奮して怒鳴り返したりするのは「**ペーシング**」ゆえに、そのままの状況がいつまでも続いてしまいます。

しかし、興奮した人に、冷静に落ち着いた態度で臨む「**ディスペーシング**」で対応すると、興奮した人のほうが、冷静で落ち着いた人の態度のほうに「**ペーシング**」してくるのです。

つまり、相手も次第に怒鳴り続けられなくなるわけです。

相手からいきなり怒鳴られても、冷静に「いつも、ありがとうございます」などと落ち着

何だとーっ？
受注できなかった
だと！
あの部長…
ちょっと…
冷静
興奮されると
お体が心配です
高血圧による
リスクが…
え…？
なに…？
心配なの？
相手に同調しない「ディスペーシング」で鎮静化！

いて感謝の言葉で返す場合でも同じ効果があります。

不意打ちで、突然感謝されるため、相手は頭が混乱します。

これも「**ディスペーシング**」になっています。ペースを合わせていないのです。

冷や水を浴びせる——という言葉があります。「**ディスペーシング**」で冷静に相手の興奮状況を指摘すると、相手の思考は混乱し言葉を続けられなくなるのです。

これが「**不意打ち効果**」です。認知に歪みが生じ、相手の頭には「ハテナマーク」が広がります。

一発で相手を思考停止に陥らせ、興奮状態が恥ずかしい態度であることを、相手に自覚させる効果もあるのです。

パワハラ上司や悪質クレーマーといった輩（やから）は、こちらを恫喝（どうかつ）することで最初に主導権を握り、こちらをねじ伏せようとするのが目的ですが、それをひねり技で返すことで、攻撃を無力化させることができるのです。

パワハラ上司や悪質クレーマーから「どうすんだよ、おい、お前！」などと凄（すご）まれたら、冷静沈着な「**ディスペーシング**」で問い返すことが重要です。

「どうしてほしいと、おっしゃるのでしょうか？」などと冷静かつ落ち着いて逆質問すると、相手は意表を突かれ、「うっ！」と言葉に詰まるはずなのです。

こちらが委縮するはず――という展開が望めず、予想外の状況が眼前に広がるわけです。「静かに落ち着いてお話いただかないと困ります……」などと続けることで、やがて主導権はこちらに移ることになるのです。

まとめ **パワハラ上司、悪質クレーマーには「ディスペーシング」で冷静に。**

15 頑固な人・意固地な人を懐柔(かいじゅう)する

現状維持バイアス、信念維持バイアス、信念バイアス

頑固な人はどこにでもいますが、そういう人と協調して仕事をするのは、なかなか骨が折れます。

他人の意見に耳を傾けてくれず、自分の意見を押し通そうとするからです。

こういう面倒くさい人とは関わりたくないものですが、そうもいきません。

仕事をするうえで、ルールや方法を変えてもらわないと困る場面があるからです。

人はもともと誰もが変化を嫌います。現状維持が楽だからです。

これを「**現状維持バイアス**」と呼びますが、いったん「よい」と確信してしまった本人の方法がある場合、この方法に執着し逸脱できなくなることがあります。

これが「**信念維持バイアス**」で、ここへ昇華すると「頑固者」が生まれます。

何でやねん！
G7広島サミットで
「お好み焼き」？
あれは
モダン焼
やろが…
焼きソバが
入ってんねんから…
にぎ
にぎ
さっすが～
生粋の
大阪人！
浪速っ子のこだわり！
大阪愛ですね！
頑固な“こだわり”をもつ人にはまずリスペクトでアプローチ！

こんな人に、正面からこちらの考えを説こうとしても、自分の考えにこだわるため、「NO！」と言って、けっして賛同してもらえないでしょう。

こうした人への心理学的アプローチでは、次のような懐柔方法が知られます。

1. 頑固な人の「こだわり」に共感し、それをリスペクトしてあげる。
2. 「別の選択肢」のメリットを本人が見出し納得したように誘導する。
3. 頑固な人の「こだわり」に固執するデメリットを自身で理解してもらう。

この3段階のステップを踏んでいくことで、

本人のこだわりを捨てさせ、こちらの考えや方法に懐柔していくわけですが、気をつけたいのは、こうしたステップは「時間をかけて行う」ことが大事になります。

頑固な人・意固地な人は警戒心が強いからです。自分を否定しようとしているのではないか——という猜疑心が旺盛です。ゆえに、少しずつ自分自身で「自分のこだわり」に問題があることを悟ってもらう方法が有効なのです。

他人に「自分の弱み」を見せたくない人ですから、こちらからの指導や指図で自分のこだわりを捨てた——といった形の敗北感を嫌うのです。

カルト宗教にはまっている信者も同様に「頑固な人・意固地な人」といえるでしょう。周囲から、「教義がおかしい」「矛盾だらけ」などと批判されても、信仰心はビクともしないからです。こうしたマインドコントロールを解くのにも、非常に手間と時間がかかるのです。

そもそも、バイアスと呼ぶだけあって、「**信念維持バイアス**」を形成する前の段階である「**信念バイアス**」そのものが論理的でないのです。

「**信念バイアス**」とは、「結果がよければ過程もすべて正しい」「結果が悪ければ過程もすべて悪い」という脳の決めつけであり、思い込みだからです。

スポーツの試合に負けると、練習に問題があったからだ—と思い込みます。仕事の成果がイマイチだと、日頃の努力が足りないからだ—と決めつけます。

そのため、人物評価を誤ってしまうことが往々にして起こります。こんな「**信念バイアス**」から抜け出すためには、「勝ち負け」や「成功・失敗」にこだわらずに、環境条件やプロセスにも重点を置く姿勢が重要なのです。

ちなみにサラリーマンの人事評価では、評価する側の「満足度」が8割に達するのに、評価される側の「不満」は6割にも達しています。こうしたギャップが生まれるのは、「**信念バイアス**」が多分に影響しているからです。

結局、人事評価は「上司の好き嫌い」ですべてが決まるのだ——といった多くのサラリーマン共通の誤解や不満の「**信念維持バイアス**」を醸成(じょうせい)してしまいます。

まとめ

「信念バイアス」は脳の決めつけ、思い込み。

16 目先の利益を強調する

現在志向バイアス、プロスペクト理論、一貫性の原理、ローボール・テクニック

「馬の鼻先にニンジンをぶら下げる」

「まずはアメ玉をしゃぶらせる」

こうした言葉は、目先の利益に飛びつきたがる**「現在志向バイアス」**を刺激する意図で使われます。後のことは考えさせず、目先の利益に飛びつかせるのが第一の目的になります。

マーケティングでは、これを用いたさまざまな手法が知られています。

割引券を配る。期間限定の安いお試し価格を設定する。まとめ買いに限り割引する……などなど。

安売りは販売側の利益を圧迫しますが、お客が食いつきやすく、手っ取り早い集客効果が期待できます。

こうした「人の性向」は行動経済学の「**プロスペクト理論**」でも扱われます。

人は目先の利益を追い、損失を回避しようとする――という**認知バイアス**です。

購入した株式が思惑通り値上がりしたら、利益確定で早く売りたくなりますが、逆に値下がりした場合は、損失を確定したくないので、「また上がるはず」などと保有を続け、そのため、さらに値下がりして含み損を拡大させたりしがちです。

また、駅前などで「ドリンク50％ＯＦＦ」の割引券をもらい、「これはオトクだ！」と思って店に赴いたものの、メニューのフード類の価格が意外に高かった――などの経験はあるものでしょう。

購入した株式が値下がりしたのに損切りできなかったり、ドリンクの割引券を持参した飲食店でフード類の価格が高かったのに、店を出ようとしなかった――という例は、「**一貫性の原理**」もはたらいています。

「**一貫性の原理**」とは、自分の決めた考えや行動を首尾一貫させたい――という**認知バイアス**です。

お、山田くん
ほんのちょっとだけ
残業できない？
パソコンで
作ってほしい
図があるんだ
キミなら楽勝だよ
いいですよ！
カチ
カチ
コレ、30分
程度じゃ
終わらねぇ…
あと2〜3
時間はかかり
そうだよ…
カチ
カチ

お願いするときは好条件を出しておく！

社会生活上においても、人の行動は一貫性を保つほうが信用を得やすいという暗黙知もあるわけです。

「ドリンク50％ＯＦＦ」の割引券の例は、ドリンクの利益圧縮分をフード類の利益上乗せ分で補塡するという仕掛けが見て取れます。

最初に「好条件」を持ち出しておいて、あとから「ちょっとだけ不利な条件」を追加して承諾させる——というやり方は、「**ローボール・テクニック**」という心理メソッドです。

ローボール（Ｌｏｗ Ｂａｌｌ）とは、「捕球しやすい低めの球」を意味しており、最初に受け取りやすいボールを投げ、相手にキャッチさせたらこっちのものさ――という理屈が背後にあります。

ネット通販の広告で、「みるみる歯が白くなるホワイトニング・ジェルが初回限定500円！　定期コースはいつでも解約ＯＫ！」というので注文し、商品が届いたのでさっそく解約の電話をしようとするケースがあります。

しかし、電話が一向につながらず、2回目以降の定期商品が数千円単位の価格で送られ、3回分購入しないと解約できない規約だった――などの消費者トラブルが激増中です。

これは「**ローボール・テクニック**」を使った悪徳商法の典型です。

訪問販売と違い、通販には原則クーリングオフがないのを悪用しています。

ローボール・テクニックを用いても、後付けの条件がひどすぎる場合は、お客に強い拒絶反応をもたらします。到底、末永く続ける商売では、賢い用い方とはいえないのです。

まとめ　最初に得をする甘い話には注意しよう。

17 小さな依頼から始める

一貫性の原理、段階的依頼法

前項で紹介の「**ローボール・テクニック**」は目先の利益で誘引し、その後の条件が少々悪くても「**一貫性の原理**」によって「承諾させる」という心理メソッドでした。これに似た心理手法として、相手が承諾しやすい「小さな依頼」から始め、相手が承諾したら、続けてもう少し大きな要求を追加していく——といった「**段階的依頼法（フットイン・ザ・ドア・テクニック）**」もあります。こちらも、いったん承諾すると、その後の態度を変えにくい——という**認知バイアス**の「**一貫性の原理**」を利用しています。会話例で見ておきましょう。

同僚A「なあ、ちょっとだけ、俺のこの作業を手伝ってくれないかな？」
同僚B「ああ、いいよ。書類を３ツ折りにして封入する作業だな。よっしゃ」
同僚A「あのさ悪いけど、ついでに封閉じて宛名シールも貼ってくれない？」

パパー
この香水
買って
ほしいな♡
いいよ！
好きな
物を買い
なさい！
あ、コレも
好きだな～♡
どーしよう
かしら…
どれも
好きなら
買って
あげるよ
"パパ活女子"の常套テクニック！

同僚B「え？　ま、いいけど。結局全部の作業を手伝わされてるな……俺って」

妻「今日は早く帰宅するのね、うれしいわ。ちょっと買い物頼んでいいかな？」
夫「おお、いいよ。ふむ、マヨネーズを切らしてるのか、わかった。買って帰る」
妻「あっ、あと、ついでにね、タマゴと大根も買ってきてほしいんだけど……」
夫「え？　タマゴと大根も。わかった……。それも買って帰るよ……」

店員「お袖だけでも、お通しになってみてはいかがでしょう？　さ、どうぞ」
お客「あ、まあいい感じかな……。スッキリしたデザインが悪くないし……」
店員「さあ、じゃ、せっかくですから、スカートも合わせてみましょう」
お客「ふうん。たしかに上下合わせると素敵ですね、じゃ、これにします」

こんな例は、日常的によく見られる光景でしょう。あちこちで無意識のうちに使われている心理メソッドなのです。依頼や要求は、「本命の承諾」を得る前に、分割小出しで段階ごとの「承諾」をもらっていったほうが効果的な場面も少なくないのです。

気になる異性をゴハンに誘い、デートに発展させる時にも使えます。

男性「きみさー、ソーイングセット持ってたよね、ちょっと貸してくれない？」
女性「いいわよ、はい、これ……どうぞ」
男性「やーさっきはありがとう。すごく助かったよ。お礼に今日の昼メシ奢るよ」
女性「へー、いいの？　気前いいな、じゃ、パスタを奢ってもらおうかな」
男性「パスタね。渋谷にめちゃウマのイタリアンの店あるけど、そこ行かない？」

女性「え？　でも、お昼休みの時間に渋谷までなんて行けないでしょ……」
男性「せっかく食べるパスタだからさ、今晩に変更して行くことにしようよ」
女性「え、そう？　ま……いいけど。パスタ大好きなのワタシ。じゃ何時に？」

さらにプレイボーイの場合は、初めてのデートでも、グイグイ押していきます。

男性「ねえ、帰る前にきみのこと、一度だけハグしてもいいかな？」
女性「えっ？　ハグ？　ま、ちょっとだけなら……。そこの人目のないとこで……」
男性「うん、いい感じ。もうきみを離したくないよ、ちょっとキスしてもいい？」
女性「えっ？　キス？　ちょっとだけよ、オデコにちょっとならいいけど……」

こんな調子で、プレイボーイはまたたくうちに「唇」まで奪ってしまいます。

まとめ　**依頼は、小さな依頼から段階を経て本命へ！**

18 大きな依頼でまず断らせる

罪悪感、返報性の原理、譲歩的依頼法

スーパーの試供品コーナーで、試食させてもらうと「うん、ホントにうまいねぇ……」と無理にリップサービスしてみたり、「買ってあげないと悪いかなぁ」などといった気持ちにさせられます。

これは「**罪悪感**」と「**返報性の原理**」が成させる**認知バイアス**だからです。

人は、誰かに親切にされると、何かお返しをしないと悪いかな――といった気持ちになるのです。お返しをしないと罪悪感が疼(うず)くからです。

米国のレストランのように、接客サービスに対して、「半強制的」にチップを要求されると腹が立ちますが、善意のサービスであれば、誰でも自然に感謝の念が湧いてくるのがふつうでしょう。

こんな「**罪悪感**」と「**返報性の原理**」を巧みに用いた心理メソッドに、「**譲歩的依頼法（ドア・イン・ザ・フェイス・テクニック）**」があります。

最初に大きめのダミーの要求を出して断られ、ガックリしてみせますが、続けて出す次の要求は水準をぐっと下げてお願いして、最後には承諾を得てしまう――というステップです。

会話例を見ていきましょう。

同僚Ａ「頼む。10万円貸してくれ。今月ピンチで給料日までもたないんだよ」
同僚Ｂ「エーッ、そんなカネ、俺だってないよー。無理に決まってるだろ！」
同僚Ａ「そっかー（ガックリ）、そいじゃさ、3万でいいから頼む、な！」
同僚Ｂ「えっ？　3万円？　うーん、しょうがないな……給料日に必ず返せよな」

最初から、3万円のお願いだと断られて、5000円ぐらいしか借りられなかったかもしれません。そこでまずは「10万円貸してくれ」と大きく頼んで断られ、ガックリ意気消沈したフリを見せています。ここで同僚Ｂに対して「断ったことの罪悪感」を刺激しているので

納期まで10日は頂かないと無理です…
エエ〜ッ!
そこをなんとか…
では特別に6日でやりましょう
ありがとうございます値引きナシで御社の提示価格で支払います!

“譲歩する形”をとれば「恩」も着せられる!

す。そしてすぐその後に、同僚Aは3万円まで要求を譲歩します。すると、同僚Bは同僚Aが譲歩したので、自分も譲歩しないと悪いと錯覚し、「**返報性の原理**」をはたらかせて3万円を貸してくれたのです。

最初に打ち出した10万円が、アンカー（船を係留する碇）となって記憶に留まります。ここから出発して、どれだけ譲歩したのか――ということが交渉に大きく影響します。10万円がちょうどよいダミーの金額だったからこそ、3万円の借金に成功したのです。本命の要求水準に適ったダミー金額の設定が大事です。

これが100万円とかの大きすぎる金額だと、そもそも交渉にならなかったりするでしょう。

この「**譲歩的依頼法**」は、商品見積り金額の値引きや、納期の短縮といった交渉ごとで威力を発揮します。ほどよい大きさのダミー数値を打ち出して、本命の目標値まで徐々に近づけていくと、要求されるほうも「満足感」が大きくなる効果もあるのです。ウィンウィンの関係構築に成功することも可能になります。

プレイボーイも次のような使い方をしているものです。

男性「もうキミのことが大好きだよ。ね、これからうちに来ない？」
女性「ええっ？　駄目よ、何言ってるの！　今日知り合ったばかりなのに……」
男性「なんだよー、駄目なのかー（ガックリ）。じゃあ、今度映画でもどう？」
女性「えっ？　仕方ないなーもう。映画なら行ってもいいかも……」

まとめ　**大きな要求で断られた後は、小さな要求が通りやすい。**

19 失った「信頼」を取り戻す

正常性バイアス、確証バイアス、スリーパー効果

詐欺被害に遭う人は、ふだんは「自分は詐欺に遭遇しても、すぐに見破るので絶対に騙されない」——などと妙な自信をもっていた人です（**正常性バイアス**）。

災害時に「大丈夫、大したことじゃない」などとタカを括る人も同様です。

しかし、「絶対騙されない」と思っている人でも、詐欺師から巧妙なトークを展開されるうちに、詐欺師の術中にはまり、かえって相手を信用してしまうケースが少なくないのです（**確証バイアス**）。それゆえ、詐欺被害もなくなりません。

「**正常性バイアス**」が、自分にとって都合の悪い情報を無視したり、軽視することを意味するのに対して、「**確証バイアス**」は、逆に自分にとって都合のよい情報を無意識的に集め、反証的な情報を無視したり、軽視してしまうのです。

とりわけ、他人を評価する際には、この「**確証バイアス**」の影響を多分に受けてしまいます。

何かの拍子に「この人はすごくいい人だ」と思い込むと、悪い情報があっても無視してしまいます。「この人はすごく悪い人だ」と思い込む場合も同じです。

人はいったん、思い込むと行動に現れますから、痛い思い（被害）にでも遭わないと、なかなかそうした**認知バイアス**から逃れられなくなるのです。

ゆえに、もしもあなたが、誰かから「悪いヤツ」などと思い込まれたら非常に厄介なことになることもおわかりでしょう。

たとえば、上司から「アイツはウソつきだから信用できない」と思い込まれたら部下は大変です。

うちのサービスは時間・コストが3割削減できます…
スタートアップ企業の営業マン
おたくの会社は実績ゼロでしょう?ちょっとねー
また伺いました!きょうは時間・コスト削減の経営に及ぼすデータをおもちしました!
熱心だね〜
うちのデータまで…じゃちょっと検討してみっかね…

「確証バイアス」を崩すには「反復・継続」の攻勢が大事!

あるいは、大好きな憧れの女性に、自分のことを「あの人、女たらしの遊び人で不潔な男」などと思われたら最悪です。デートの誘いも断られてしまいます。

こんな状況に追い込まれたら、何とか早めに打開するよりないでしょう。

こんな**確証バイアス**に陥った人に対しては、信用されようがされまいが、とにかくきっぱりと、「私は○○ではありません。○×ですから、どうか信じてください」というアピールを機会あるごとに行うことが大事です。

自分の言葉が、相手の脳裏に刻まれ、浸透するからです。

もちろん、その言葉を簡単に信じてくれるほど、相手の「**確証バイアス**」の思い込みはヤワではありません。

しかし、不思議なことに、時間の経過とともに、信頼性の低い人物（情報源）の記憶のほうが薄れ（仮眠する＝スリープ）、アピールした言葉（情報の内容）の記憶のほうが残る――という現象が起こります。

これが「**スリーパー効果**」です。

したがって、信頼度の低い人間でも、誠実な態度で繰り返しアピールしていると、その内容のほうの信憑性が高まってくるのです。ポイントは「時間をかけること」「キーワードを繰り返しアピールすること」の2点です。

タレント出身の議員で、初めは信用度が低くても、繰り返し「重点政策」を真面目にアピールしていると、だんだん支持者が増えていったりするのです。

まとめ　**思い込みは変えにくい。繰り返しのアピールで信頼を得よう。**

20 敵愾心を取り除く

ベンジャミン・フランクリン効果、認知的不協和

知らないうちに、誰かから嫌われていた——ということがあります。

もちろん、知らないうちに誰かに好かれていた——という逆の場合もあります。

知らないうちに、誰かに好かれていた——場合は、大体理由の見当がつきます。明るく誠実に、誰とでも公平に接するコミュニケーションをしていたからです。

いっぽう、知らないうちに、誰かに嫌われていた——というのは、見当がつきにくいものです。「あの人は私の何が気に入らないのだろう」などと思います。

誰かを嫌いになる理由には、心理学的分類では次の7パターンがあります。

【軽蔑】容姿、身だしなみ、話し方、教養、マナーなどに難がある人を見た時。

【嫉妬】自分と同等かそれ以下だと思う人が、自分より優遇・賞賛された時。

【裏切り】自分の期待に応えてくれず、逆に足を引っ張られたと感じた時。
【否定】自分の存在を否定的に扱い、攻撃的に対処されたことがある時。
【軽視】自分の存在を軽んじ、テキトーに無視されたりしたことがある時。
【投影】自分が封印する事柄（ケチとか見栄張り）を相手の行動に見た時。
【差別】自分と立場の異なるグループ、人種、宗教などに属する人を見た時。

他にも、そもそも生理的に「あの顔が嫌いなんだ」とか「性格が根本的に嫌いなんだ」などという、つかみどころのない理由の場合もあるでしょう。

また、誰かを嫌う理由が、本人にさえよくわかっていないケースもあります。

いずれにしろ、知らないうちに、誰かから嫌われるのは困りものなのです。

自分が嫌われる理由をいろいろ検討し、原因らしきものは改めましょう。

そして、相手の「敵愾心（てきがいしん）」を除去させる工夫もしてみるべきなのです。

自分のことを嫌い、敵愾心を燃やし攻撃的だった相手を巧みに手なずけて、生涯の友にしてしまったことで、「**ベンジャミン・フランクリン効果**」と呼ばれるようになった面白い逸

元カレと復縁したのーっ？あんなに嫌ってたのに…
うん…
それが、まァ…
別れたあとにも頼み事をしてくるから聞いてやってたの…可哀想で…
ひぇ～
そのうち結構いい奴だなって…

嫌われても「頼み事」を受け入れてもらえば大丈夫!

話があります。

ベンジャミン・フランクリンは、アメリカ合衆国建国の父の1人で、アメリカの100ドル紙幣の肖像画になった政治家であり、また科学者でもありました。ベンジャミン・フランクリンがペンシルバニア州議会議員だった頃の話です。敵対する人物が珍しい本を持っているとフランクリンは聞き及びます。そして、フランクリンは、その本をしばらく貸してほしいと丁重に頼みに行ったのです。敵対する相手は、拒否することなく無事に本を貸してくれました。その後、フランクリンが本を返しに行って以来、2人は非常に仲良しになり、生涯の友になった

——という不思議な話です。

いったいどういうことなのでしょう。

嫌いな人の依頼を受け入れた場合、たいていの人は、後から「何であんなイヤな奴に本を貸したのだろう」などと苛立ち、気分が悪くなるのがふつうです。嫌いな人に親切にするのは、自分の意思に反する行動だからです。56頁（項目11）で紹介の通り、「**認知的不協和**」の状況に陥ったわけです。そのため、いまさら「本を貸した」という行動は変えられませんから、「丁重に頼んできた、いい奴だったから貸したんだ」と認知のほうを変えたのでした。

そして、フランクリンが本を返す時にも、礼儀正しく深い謝意を述べたので、すっかり2人は仲良くなってしまった——というわけでした。

自分に敵愾心を燃やす人には、あえて丁重に頼みごとをして、相手が承諾してくれたなら、多大なる感謝を捧げましょう。

まとめ

知らないうちに嫌われることもあるが、それを変えることもできる。

第4章

ハートを撃ち抜く

21 結果よりプロセス重視が心をつかむ

承認欲求の充足、自己拡大効果

人には「**承認欲求**」があります。ほめられたい、認められたいという願望です。

ゆえに、誰かからほめられると嬉しくなり、自己肯定感も高まります。

したがって、人を動かすのがうまい人は、どんな相手にも、さり気ない「ほめ言葉」を添えてから頼みごとをします。これで認知を肯定的にさせるからです。

同僚を飲みに誘う時は「きみは、いつも仕事が速いね。あ、今晩一杯どう？」。

上司から決裁をもらう時は「課長の靴カッコいいですね。これ、お願いします」。

奥さんにビールを頼む時は「きみのこのツマミうまいな。あ、ビールもう1本」。

さり気なくほめることで、目的をスムーズに実現しているのです。

ただし、「ほめる」という行為は、上から目線で他者を評価することなので、元来は、自分より目上の人や、専門家に対しては、ストレートにほめるわけにはいかないものです。見下しているようにも、とられかねないからです。

上司に「パソコンの入力、上達しましたね」とか、プロの歌手に「歌うまいですね」とか、プロの塗装職人に「ペンキ塗るの上手ですねぇ」などと言うのは、不躾すぎてはばかられます。

こうした人へは、テクニックをベタにほめるのではなく、成果物への率直な感想で賞賛すべきでしょう。

「入力のスピードの速さに驚きました」「心に響く歌声でした」「ペンキのツヤが美しいです」などと変換するのがふさわしいのです。

あるいは、成果物に対して単純に「すごいです」「さすがです」といった感嘆言葉でも趣旨は通じます。「ほめ」は、ジャストミートしないと、本来の効果を減殺させかねないからです。

アタシって可愛くないし…
エ？
そんなことないってば…！
ホント？
めんどくせーヤツ…
ワシにお世辞は無用じゃ！本音で話せよ
エ？ そーなの？
部長は女子にすごく人気です！
めんどくせーヤツ…

面倒くさい人物ほど「ほめ」には敏感！

ところで、ほめられ慣れている人に対しては、どうほめるのが正解でしょうか。

男性は、美人を前にすると「お美しいです」「おキレイですね」などとベタにほめるケースが多くなりがちですが、これもいただけないほめ方です。

当人も、ほめられて嬉しくなくはないものの、「またそこかよ……」「外見かよ……」といった不満も抱きかねないほめ方だからです。

見るからに「ほめられ慣れている部分」は避けて、「言葉遣いにセンスを感じます」とか「エレガントな雰囲気が素敵ですよ」といった内面に通じる言葉で讃えてあげたほうが、嬉しさもひとしおとなるはずです。

人は、内面をほめられると、自分の未来への可能性、すなわち「**自己拡大**」が図れる要素を実感できるのです。認知は希望に向かうことを好むからです。

また、すでに一定の「権威」が備わっている人に対しても、ほめ方には注意が必要です。こういう人たちも、ほめられ慣れているからです。

「上場企業の役員さんとはすごいですね」「大学教授とはすごいですね」では当たり前すぎます。こうした人に対しての「**自己拡大**」が図れるほめ言葉は、今の立場や権威に到るプロセスを讃えたほうがジャストミートするでしょう。

「大きな組織を率いていかれるのはいろいろ大変でしょうね」
「難しい学問の道を選ばれた動機は何だったのでしょうか」

こうしたほめ方の要諦を覚えておくと、一目も二目も置かれる人物になれます。

まとめ　ほめる時は、承認欲求を満たすほめ方で！

22 共感と連帯を育む言葉遣い

逆説的言辞、意向打診型疑問形

仕事で頑張っている時、上司や同僚から「よく頑張ってるね」などと声をかけられると、何だか嬉しくなります。

自分が頑張っていることを周囲が認めてくれている——と思えるからです。

しかし、いつも「頑張ってるね」などと共感を示されるだけだと物足りなくなります。「頑張れよ!」などと激励される場合でも同じです。

頑張っているのがわかっているなら、なぜ「手伝おうか」とか「何か手伝えることはないか」といったセリフが出てこないのか——とも思えてくるからです。

これでは、「頑張ってるね」も「頑張れよ」といった激励の言葉も空虚に響いてくるのです。口先だけで、ハートがこもっていないような疑念がどんどん膨らむからです。

なにしろ「頑張ってるね」も「頑張れよ」も上から目線になっている言葉です。


こうした時に覚えておきたいのが、**逆説的な言葉**で声をかけることなのです。

「頑張りすぎるなよ！」などと言われるとどうでしょう。

条件つきの禁止なのです。

「無理しないでね」「根を詰めすぎないように」「体に障らないよう気をつけて」でも同様です。

頑張ること――を抑制しているのです。
ものすごく頑張っていることを認めているからこそ、これ以上の頑張りは禁物とも伝えています。自分に共感されれば認知も安定するのです。

逆説的な言葉をかけられると、「頑張り場面」でのハートに響くでしょう。

言葉の使い方ひとつで、共感と連帯を育めるのです。

フーッ
今日も元気だ
タバコがうまい！
あの…ここは禁煙
ゾーンですけど
あと、どのくらい
吸われます？
低姿勢
そーねー
あと、
2、300本は…
サイナラー
トトトト…
「あまりにも変な人」の場合はスルーが正解!

同様に、命令口調が反発を呼ぶのも、上から目線だからです。

主従関係が強調されるために、義務感を植えつけられて、共感を呼びません。

「このレポートを500字ぐらいにまとめてくれよ」と命令形で言われるよりも、「このレポートを500字ぐらいにまとめてくれるかな?」と疑問形で言われたほうが、はるかに受け入れやすくなるでしょう。

こちらの**意向を打診**してくれている形だからです。

他人の不適切な行為を注意する時にも、疑問形で意向を打診する形にすると、とげとげしさがなくなります。敵対的になりかねない認知を中和するからです。

「ちょっと、ここは駐車禁止ですよ。すぐにクルマをどかしてくださいよ」などと言われると、自分に非があると自覚していても、言われた本人には反発心が湧いてくるでしょう。上から目線での命令口調だからです。

ゆえに、わざと逆らう人が出てくるゆえんともなります。

「あのう、ここ駐車禁止なんですけど、どのぐらい停められます？」などと、**意向打診型の疑問形**で尋ねると、「あ、すみません。すぐどけますから」などと従順になってくれるでしょう。相手の意向を尊重した物言いだからこそ、相手の認知もニュートラルのままに、受け入れやすくなるわけです。

トラブルに発展させないためにも、相手の認知を歪ませないことが大事です。

まとめ

相手を尊重すると、頼みごともスムーズにできる。

23 良心や罪悪感を吹き飛ばす

認知の歪み、大義名分

人には「**良心**」や「**罪悪感**」といったものがあります。

これは道理に外れている、これは常識的な範囲を超えている——といった善悪の判断基準になる道徳律に支配されているわけです。

もちろん、「罪悪感」や「良心」をほとんど持たない——とされる冷酷非情のサイコパス(反社会性パーソナリティー障害)人間も世の中にはいるものです。

こういう人は、それゆえに、知的エリートとして大出世したり、あるいは、とんでもない凶悪犯罪者になったりする——とも指摘されています。

つまり、「良心」や「罪悪感」という感情は、行動を抑制するブレーキ役になることが多く、実際にはサイコパスのようにそれが機能しないほうが、人間としては大胆な行動にも走れるわけです。

あ、あのコとは
タダの遊びだってば…
愛してるのはキミだけ！
だ、だから
浮気なんかじゃ
ないよ！　気持ち
浮いてないからね！
キミが本命！
ま、勝手に
ゴタク並べてなさい
もう終わったのよ
アナタとは…
怪しい大義名分は説得力ゼロ!

さて、ここに恋する人がいるとします。好きな異性に恋人がいる——などと知るや、好きな人にアタックすることさえ、躊躇してしまう人は少なくないでしょう。

好きな異性を自分に振り向かせる勇気がない——という事情もあるでしょう。

しかし、自分の魅力に自信があっても、自分のほうから近づき、２人の恋路を邪魔するのはよくないとか、略奪愛は破廉恥——などといった「**良心**」や「**罪悪感**」に縛られてしまう場合も多いはずです。

しかし、ここで躊躇していたのでは、いつまで経っても人生思うようにはいきません。魅力的な異性には、たいていすでに付き合っている人がいるからです。

それに、恋人同士の2人といっても、本当に現在うまくいっているかどうかはわかりません。結婚していない人たちであれば、恋愛は本来自由のはずでしょう。

ゆえに、自分のほうが好きな異性を幸せにできる——と確信したならば果敢に挑戦すべきだ、それが正義だ——などと思う人もいるわけです。

これが「**大義名分**」です。認知を歪ませるのに最適な武器になります。

「**大義名分**」があれば、人は大胆になれます。勇気が湧いてくるからです。

誰かが行動をためらった時には、「**大義名分**」を与えることで背中を押せます。

その際には、「**良心**」や「**罪悪感**」が吹っ飛ばせるからです。

恋人のいる異性に近づく時にも「**大義名分**」を立てれば大胆に誘えます。

「お世話になっている得意先の女性社長にプレゼントを贈らなきゃいけないんだけど、一緒にデパートに行って、アクセサリー類を選んでくれないかな」と頼んでみることです。

これなら相手も、恋人の存在があっても名分が立ちます。

一緒にデパートを歩いて、御礼に居酒屋でご馳走することになれば、最初のプチデートも成功に導けます。こんな手を使えば、自在にアプローチできます。

やりがい搾取のブラック企業がベラボーな残業時間を強いる時には「きみは創業メンバーだ。うちの会社も上場したら、きみの将来は役員待遇だぞ。今は創業期だから苦しいが、軌道に乗れば安楽な将来が待っている」などと口説きます。

「将来のため」という**大義名分**があれば、何だってやり放題になります。現にブラック企業は尽きないし、独禁法で禁止の業界ぐるみの談合もなくなりません。

「会社のため」「家族のため」「きみの将来のため」「出世のため」といった**大義名分**でハートを撃ち抜かれないよう、十分気をつけておきましょう。

まとめ　同じ大義名分でも、ブラック企業や悪い人の大義名分には騙されるな！

24 不安定な報酬が効く

モチベーション理論、ギャンブラーの誤謬(ごびゅう)、部分強化(不定率強化)

ジャンボ宝くじの一等当選確率は1000万分の1で、生涯で雷に打たれて死ぬ確率と同じほど「当たらない」といわれますが、これを毎回買う人は大勢います。

ギャンブルにはまる人と同じく、次のような**認知バイアス**がはたらくからです。


「感情バイアス」……………他人はともかく自分だけは当たりそうと楽観的に考える。

「確証バイアス」…………「毎回買えばいつか当たる」と都合のよい情報だけを信じる。

「正常性バイアス」…………周りの人が買うので自分の行動も「正常」と考える。

「喪失不安バイアス」………途中でやめると今までのすべてが無駄になると考える。

「集団同調性バイアス」……行列を見て自分にもチャンスがあるはずと考える。

「アンカーバイアス」………大当たりした人を見て自分も当たりそうな気がする。

こうしたバイアスが効いて、モチベーションが維持されます。

ところで、人のモチベーションには、**外発的なもの（外部報酬）**と**内発的なもの（内部報酬）**とがあります。

「宝くじ公式サイト（宝くじ当せん者レポート）」によれば、購入歴が10年以上の人が71％を占め、購入動機で「夢をもちたいから」が40％、「ひらめき」が25％、「趣味」が23％で、「お金が欲しくて一発勝負」の人はたったの11％しかいないのです。

外発的な動機よりも、ワクワク感を味わうのが好きという**内発的な動機**のほうが圧倒的に多いことが窺えます。「当たらないだろうけど、もしかすると当たるかも」という不確定なモチベーションが宝くじビジネスを支えているのです。これはギャンブルにも同じ原理がはたらいています。認知を弾ませるからです。

1枚300円の宝くじは、連番で10枚買うと1枚だけ300円が当たります。この場合、3000円投資すると、300円が戻るので、投資額は2700円です。

毎回、連番で10枚買っても、これが繰り返されるだけでは面白くありません。

ゆえに、バラ券も同時に買ったりします。

ちっくしょー
午前中は快進撃で
3万は勝って
たのに…
昼メシ
食ってから
調子悪く
なって5万も
やられた!
消費者ローンで
金借りて、あと
5万突っ込んで
一気に挽回するぞ!
パチンコ○△×
不安定な報酬が内発的達成動機を高める!

毎月、給料日に決まった報酬が得られるのと同じで、**外発的な動機**だけでは満足度も高まらないのです。

しかし、業績によって支給金額が変わる賞与や、臨時特別賞与といった報酬は、不確定なので、沢山貰えるとものすごく嬉しく感じます。また、宝くじやギャンブルは、たまに当たるとしばらくは当たらなくなると感じ、当たらない日が続くと、近いうちに大当たりの予感がしたりします。これは「**ギャンブラーの誤謬**」と呼ばれる**認知バイアス**です。

心理学では、いつも貰える報酬への喜びを「**連続強化**」、ランダムに不規則で得られる報酬への喜びを「**部分強化**」と呼び、「**部分強化**」のほうが行動を持続させる効果が高いことが知られています。この不安定な報酬が、内発的な動機を高めるのです。ゆえに、自発的にこの快感を求める人が、ギャンブルにはまり、依存症となって借金地獄に陥るのです（ギャンブル依存症で借金を抱える人は88％）。

つまりは、毎回ご褒美を与えるよりも、ランダムに与えたり、与えなかったりするほうが、人は意欲的になる——ということなのです。

たとえば、部下の仕事の意欲を持続させるためには、毎回成果を上げたからといって、いつもほめるよりも、臨機応変にほめたり、ほめなかったりするほうが、前向きに取り組んでくれるのです。認知はワクワク感を求めているからです。

恋人にいつもプレゼントを渡しているとマンネリになりますが、たまに意表を突いたプレゼントを用意するほうが2人の関係性は深まります。

まずは、この要領を会得して、周囲の人たちのハートを射抜いていきましょう。

まとめ　不安定な報酬が、モチベーションを高める。

25 嬉しい噂でアプローチする

マイフレンド・ジョン・テクニック、ウィンザー効果

自分の好感度を上げるためには、「清潔感のある身だしなみ」「ポジティブな言葉遣い」「相手との接触回数を増やし親近感を醸す」「相手との共通点を増やす」などの方法を心がけることが重要でしょう。いずれも、自分自身をダイレクトにグレードアップさせる方法ですが、その他にも「他人をダシに使う」という方法もあります。

仲良くなりたい人に近づいて、「○○さんは、○○にとても詳しいとお聞きしましたが、ちょっと相談に乗っていただけないでしょうか」などの要領で問いかける「伝聞」の確認方式です。肯定的な伝聞をまぶし、相談する形で相手を持ち上げます。

欧米では「**マイフレンド・ジョン・テクニック**」として知られます。

きみ、また遅刻かよ
だらしないなァ…
あの○×商事の社長は、実はぼくの同級生なんだけどね…
同窓会で出世の極意を聞いたら
どんなに遅くまで飲んでも、
翌朝誰よりも早く出社してたことだってさ！
申し訳ございません…

「マイフレンド～」は部下を諭す時にも効く!

「友人のジョンが『きみは、とても仕事ができる人だ』ってほめてたよ」といった調子で仲良くなりたい人に近づく――テクニックなのです。

自分の悪い噂を聞かされたのでは不快になりますが、こんなよい評判を伝えられると、ちょっと嬉しくなるものです。認知は好意的な受け入れ態勢になります。「いやいや、そんなこと全然ないってば……」などと照れて否定することでしょう。

しかし、とても仕事ができる――と話したジョンという人物と、それを伝えてくれた、あなたという人物に悪い気はしないでしょう。

それどころか、ジョンがそんなことを話してくれていたのか――と好感触を持つでしょうし、それを信じわざわざ伝えてくれたあなたにも好感触を持つのです。

これをあなたが直接口にした場合はどうでしょう。

「○○さんって、とても仕事ができてスゴイなと思っています」などと面と向かって伝えたところで、ゴマスリかオベンチャラと思われかねません。かえって、あなたの印象が悪くなるかもしれないでしょう。

つまり、人をほめる時は、第三者の誰かが話していた——という形で伝えるだけで、情報の信憑性が高まり、すんなり受け入れられやすいのです。

これが「**ウィンザー効果**」という現象です。

他人の声として伝えられると、真実の声として記憶にも刻まれます。

たとえば、商品のクチコミの場合もそうです。

利害関係のない第三者が、レビュウなどで、いろいろな評価をしているのを見ると、納得度が高くなります。メリットだけでなく、デメリットまで載っていることで、ますます信頼度が増していくのです。

自分で自社商品のメリットのみをアピールする「片面提示」では信頼度は低いものですが、「お客様の声」といった形で、メリットもデメリットも語られる「両面提示」にすれば、ウソ・偽りのない情報となるのです。

ゆえに、商品提供者自身による自作自演のステルスマーケティングもはびこりますが、それでもなお、ついつい信用してしまうのです。

ハートを射止めたい人がいたら、この方法でみるみる距離を縮められます。

「田中さんはグルメなので、本物の味に詳しいって聞きました。ぼくの知り合いがやってるレストランに行って、批評してもらえないでしょうか」などと意中の人にアプローチするのでもよいでしょう。「誰から聞いたの？」と尋ねられても、「誰だったかなー、結構いろんな人から聞いたよ」でもOKになるからです。

まとめ

伝聞形式でほめると、嬉しさが更にアップする。

第5章

交渉を有利にする

26 どちらかを選ばせる

二者択一マインド、誤前提暗示

とっておきのアイデアをまとめた「提案書」や「企画書」を作っても、上司が保守的なタイプなら、ストレートに承認を求めないほうがよい場合があります。

こんな時には、NOという答えを出しかねない上司の「認知」を歪め、NOを出しにくくする「認知」に換えてから、上司の判断を仰ぐのが正解になります。

部下「課長は提案書のA案とB案ではどちらが望ましいとお考えでしょうか？」

上司「ん？　A案が○△で、B案が○△×か……。どちらかといえば、B案のほうがいいんじゃないか。今後の継続的な売上にもつながりそうだしな……」

提案をわざとAとBの2つに分け、**二者択一**で選ばせたのです。最初から「こんな企画内容はいかがでしょうか？」などと正面からひとつの提案を示すと、「え？ 今のままでもいいだろ……。こんな余計な提案をして、納期を短くしてくれとか要求されたら困るよ」などとNOと言い出しかねないからです。提案そのものの可否を問うと、誰でもYESかNOかに導かれるのです。

しかし、AかBかの**二者択一**で選ばせる形をとれば、提案そのものの「却下」が回避できます。この上司にとっては、提案そのものの承認が、本来意図せざる「誤った前提」になっています。ゆえにこの手法を「**誤前提暗示**」と呼びます。「どちらかを選ぶべき」という方向に認知を誘導されると「承認するか・しないか」という認知がどこかに飛んでしまうのです。「**二分法の罠**」とも呼ばれます。

上司「この書類の翻訳だけど、今日中にやれる？ それとも明日中かな？」
部下「え？ あ……、はい。今日中にやります」

レストランやファストフード店では、「**誤前提暗示**」で追加注文をとられます。

俺たちは、キミのことを死ぬほど愛してるんだ！
ここはもうキミが、俺たちのどっちと付き合うのか決めてくれ！
きっぱり！
ごめんなさいね〜
どっちもノーサンキューよ！
コイツらまるで将来性ないもん…
A
B
デメリット大だと通じない！

店員Ａ「食後のお飲み物は、コーヒーか紅茶のどちらになさいますか？」

デートに誘う場面でも、「**誤前提暗示**」で導けば、NOを回避できます。

男性「きみは、和食と洋食と中華だったら、何が一番好きなの？」
女性「あたしはやっぱり、和食が好きだわ。お刺身とかが、おいしいから」
男性「お刺身はいいねぇ。で、食事するなら、六本木と銀座だったらどっち？」
女性「銀座がいいわね、上品だし……」
男性「銀座のうまい割烹料理店知ってるよ。明日行く？　それとも今日行く？」

女性「わぁ、嬉しい！　ぜひ、今日にでも行きたいわ」

最初から「ぼくと一緒に食事でも行かない？」などと誘うと、「えっ、何で？」などと戸惑わせ、「今度、時間のある時にね」などとスルーされかねません。

なお、選ぶのが苦手な人には、**二者択一**を連続させれば、結論を絞り込めます。

店員「お客様、本日はカーテンをお探しですか？」
お客「うん、そうだけど。種類が多くて今日はとても決められないねぇ……」
店員「お客様のお好みの色合いは、暖色系と寒色系ではどちらでしょうか？」
お客「リビングのカーテンだから暖色系のベージュとかがいいかな」
店員「それでは、無地と柄モノの揃ったこちらのコーナーはいかがでしょうか？」
お客「あ、なるほど、このコーナーはいいね。じゃ、ここから選ぼう」

まとめ　**二者択一の選択だと、結論を絞り込みやすい。**

27 追い込んで従わせる

ダブルバインド（二重拘束）

日本経済の閉塞状況が続いています。そのせいか、どこの企業でも「リストラ」と称した「希望退職募集」が盛んです。

募集人員に達しないと、再募集、再々募集が行われ、いっぽうで当該社員は何度も人事部に呼び出され、「今、辞めないと退職金が大幅に減らされるよ。会社にしがみついていても、この先、降格・減給で未来はないよ」などと脅されます。

これが「**ダブルバインド（二重拘束）**」の典型話法です。

会社を辞めるデメリットも大きく、会社に残るデメリットも大きいでしょう。

どっちに転んでも、不利益しかない、矛盾が浮かび上がってきています。

結局どうしていいのかわからなくなり、認知はとまどい、悩むばかりでしょう。

しかし、今さら条件のよい転職先なんかない――と思い、希望退職を拒否して会社にしがみつくと、再び地獄のダブルバインド・トークで攻め立てられます。会社側も、当該社員には、何が何でも辞めてもらわないと困るからです。

上司からは「今日は、工場周りの草むしりを全部やってくれ。やり方は任せるから」などと命じられ、炎天下に途方もない肉体労働を強いられます。そして、途中で除草剤を撒くことを思いつき、上司に許可を求めると、「やり方は任せるといっただろ」とあしらわれ、除草剤を撒き終わって「終わりました」と報告すると、「草が残っているじゃねーか、草をむしれって命じたのに何やってんだよ！」などと怒られます。「え？　え？　え？」となるでしょう。命令の内容が矛盾に満ちているからです。

ダブルバインドは、米国の精神科医グレゴリー・ベイトソンが１９５６年に提唱し世界中で知られるようになった理論です。人が長くこの状況に置かれると、統合失調症に似た症状を呈するようになることが衝撃を与えたのです。

実は**ダブルバインド**には、肯定的なものと否定的なものがあります。

おめえの身分証も家族の住所も確認させてもらったから、高額バイトを紹介してやるよ
「強盗（タタキ）」と「振込め詐欺」のどっちにするんだ？
ひぇ〜〜っ！
「日給5万」のバイトってそれすか？

「闇バイト」の世界はまさしくダブルバインド！

肯定的な**ダブルバインド**とは、前項の「**二者択一マインド・誤前提暗示**」がそれに相当します。二択のどちらを選んでも、受け手にとってはプラスになります。

否定的な**ダブルバインド**は前述のような事例が代表的なものとして扱われます。いずれも否定的結果に導かれ、認知に多大なストレスがかかります。「何でも質問してくれ」と言うから尋ねると、「そんなこともわからんのか、自分で調べて考えろ」などと突き放される事例が象徴的でしょう。どっちに転んでも不利益という矛盾した環境が、精神を蝕（むしば）んでいくからです。企業は「追い出し部屋」まで特設し、社員を退職まで追い込んでいくわけです。

カルト教団の信者も、いつのまにかマインドコントロールされ、ダブルバインド状況に置かれるようになります。

信心の強さを示す証として、**ダブルバインド**の課題を命じられます。

「一睡もせずに、マントラを唱えろ」と指示されて瞑想部屋に入るものの、眠くなります。少しでも、うたた寝すれば「修業が足りない」と怒られ、こうしてだんだん認知を揺さぶられ、自分の弱さを信仰心で克服すべく認知が縛られます。

ダブルバインドは、無意識のうちに母親が子供にしばしば行使している場合もあります。「好きなお菓子を買ってあげるわ」と言っておきながら「何でこんな糖類の多いお菓子を選ぶのよ！」と怒って脅します。しかし、こういう状況が続くと、自己肯定感の低い子供が育ち、「お菓子を買ってくれないと勉強しないぞ」などと母親を脅す子供が育ちやすいという研究もあるのです。お母さんは気をつけましょう。

まとめ　ダブルバインドで認知が戸惑う。

28 多勢に無勢の状況を打開する

マイノリティ・インフルエンス

日本人は同調圧力に弱い国民性が特徴——などと、よく指摘されます。

「みんなやってるよ」「みんな賛成だよ」などと聞かされると、慌てて尻馬に乗りたくなるのです。

会議などで、有力メンバーが意見を言うと、参加者の多くが同調していきます。自由な議論を行うより、周囲の顔色を窺うことで自分の立ち位置を探ります。

また、過激な意見の有力メンバーが多いと、極端な主張が全体の意見となることもしばしば起こります。これは「**集団極性化**」と呼ばれる現象です。太平洋戦争末期には、日本中が無差別空襲に遭い、敗色濃厚でしたが「一億玉砕」を叫び本土決戦を主張する「狂気」が横溢していたこともよく知られます。

皆さんの意見に
大賛成です！
いくつか質問
よろしい
ですか？
どーじょ
どーじょ
えーと、
6点目は、
○△の場合は
どう対処しますか？
コイツ、
絶対
〝反対派〟
だよな

「質問」が多すぎると“反対姿勢”がバレバレに…

いずれにしろ、同調圧力に弱い人たちが多い会議の場では、少数派としての反対意見を表明するにも勇気が要ります。多勢に無勢の状況だからです。うかつに反対意見を述べると、袋叩きに遭いかねません。

こんな時には、ひと工夫して、自分の意見を述べるべきでしょう。

「私も、みなさんの意見には賛成です。そこで、いくつか質問させてください」

第一声はこのように、みんなの意見に賛同している——という表明が大事になります。そうでないと、周囲を戦闘モードの認知にかき立てかねないからです。

さらに、自分の主張を展開することなく、主流となっている意見について、いくつか質問していくことで、自分の疑問点についての同調者を増やす努力をしていきます。こうすることで、実は主流となった意見への反対表明になるわけです。

この方法は、上司が「○○の方針を貫けよ」などと一方的に命じてきた時にも有効です。あくまで、承服した立場を装いながらも、上司の指示や命令に無理がある点などを、質問によって修正を図ってもらうよう仕向けることができるからです。

ポイントは、正面から反対意見を主張せず、むしろ賛同している——と表明することです。あなた自身が排除されては意味がないため、防御を固めましょう。

心理学では「少数派が、多数派の意見を変えさせるケース」として、「**マイノリティ・インフルエンス**」という方法が知られています。具体的には「**モスコビッチの方略**」と「**ホランダーの方略**」の2つが相当します。

「**モスコビッチの方略**」とは、少数派があらかじめ一致団結を図っておき、自分たち少数派の意見を一貫して唱え続けることを意味します。
すると、多数派のなかからも、少数派の意見に同調する人が出てきます。
少数派の結束、意見の合理性、意見の一貫性が、多数派の牙城を崩すからです。

「**ホランダーの方略**」とは、過去に実績のある人、組織に貢献した人に、少数派のリーダーになってもらい、多数派の人たちに「この人が言うのだから間違いないかも……」と思わせて、多数派を切り崩していく方法です。

かつて1960年代までの日本の男性喫煙率は80％台で圧倒的多数派でした。
しかし、先行する米国の禁煙ブーム到来や有害データ公表の蓄積などで現在は20％台半ばまで下がりました。少数派だった非喫煙者が、今では圧倒的多数派になった——という現象は**マイノリティ・インフルエンス**の社会的事例といえます。

まとめ **マイノリティ・インフルエンスで、同調圧力に負けない。**

29 秘密や本音を聞き出す

ここだけの話、仮の話、それってホント?、わざと間違える

商談の途中、急に相手が言葉を濁し、核心を避けようとすることがあります。

これ以上は手の内を明かせない、企業秘密だから——といった事情がある場合でしょう。

そんな時には、こちらから、あえて内部事情をさらけ出すと面白い反応が期待できます。相手の認知にたちどころにバイアスがかかるからです。

A「実はこれ、ぶっちゃけて申しますと、新製品と謳ってますが、中身の95%は旧製品と変わらないんですよ。失礼ながら御社のこの製品もそうでしょ?」

B「いやはや驚きました。ま、おっしゃる通りで、うちのも85%がそうですね」

「実は……」と自分のほうから、内部事情を打ち明けると相手もつられて、本音で内部事情

あの…ぼく実は女の人とデートするのははじめてで…
よ、よろしくお願いします…
大金持ちのボンボン
えっ、実はアタシもなんですよ…
ホントは全然違うけど、…玉の輿に乗る大チャンス到来だわ…
"自己開示" したことで手玉にとられることも…

を漏らしてくれることはよくあるでしょう。

これが「**自己開示**」の返報性です。項目18（86ページ）で紹介した「**返報性の原理**」がはたらくことで、相手もつい秘密を口にしてしまうのです。

また、「たとえばの話」とか「仮の話」「一般論ですが……」などと切り出して、一見、別の話を装うことで、相手の本音に近づくこともできます。

A「たとえばの話、御社ほどの会社なら40代で年収1000万ぐらいいくでしょ？」
B「いやあ、それは昔の話。私は今45歳ですが、やっとこ600万円台ですよ」

男性「仮の話なんだけど、きみぐらいモテモテの女の子だと、過去に最低でも20人ぐらいの男とは付き合っているよね？」
女性「やーね、何言ってるのよ、まだ7人としか付き合ったことないわ」

A「一般論ですが、御社は残業たっぷりでブラック企業でしょ？」
B「はは。たしかに月の残業は80時間レベルですけど、残業代がちゃんと出るのでブラックじゃないです。給料安いんで、日中は手抜きで休養してます」

さらに、「それってホント？」と信憑性（しんぴょうせい）を疑うと、ムキになって正当性を主張すべく、秘密をポロッと漏らしてしまうケースもあるでしょう。

男性「きみって、学生時代よりキレイになったけど、整形とかしてない？」
女性「ええっ？　どーゆーことよっ。あたしを整形美人だっていうの？」
男性「目元や鼻の形が学生時代の写真と違うもん。ホントは整形しただろ？」
女性「そりゃ、ボトックスとかヒアルロン酸の注射はしてるけど……」

男性「なーんだ、やっぱ整形してるんじゃん。プチ整形ってやつだな」
女性「メスを入れてないから、整形じゃないわよ。プチとかって言わないでよ」

間違った情報でカマをかけ、本当のところを白状させることもできます。

お客「オレ水産学部出身だけど（ウソ）、このウナギの体型はニホンウナギじゃなくて、ヨーロッパウナギだよ。つまり国産じゃなくて中国産でしょ？」
店主「冗談言わないでよ。中国産のシラスウナギでも、日本で養殖したら日本産なの」
お客「でも、これ、ヨーロッパウナギだよ。日本が中国から買うシラスウナギはニホンウナギのはずだけど…（必ずしもそうとは限らない）」
店主「あのね、時々、中国産も紛れ込むんだよ。日本の養殖場にね。俺のせいじゃないよ。第一、ふつうのお客は区別つかないからいいんだよ（本音）」

まとめ
仮の話で本音を引き出すことができる。

30

主導権を握る

ホーム効果、アンカリング

相手方と何かの取引を行う際に覚えておきたいのが、交渉の主導権を握るための要諦です。次のように、相手方の土俵に乗らないことがポイントになります。

①交渉はホーム(自陣)で行う…自社オフィスなどアウェイでない場所を選ぶ。
②先に条件提示…まず基点(アンカー=碇(いかり))を示し、そこからすり合わせる。
③条件の限界値を秘匿…こちらが譲歩できる限界点を相手に悟らせない。
④時間的制約を秘匿…交渉妥結のタイムリミットを相手に悟らせない。
⑤ウィンウィンの妥結を目指す…双方メリットが感じられる条件にまとめる。

こちら側のホームグラウンドでの交渉ならば、リラックスできるでしょう。

相手側（アウェイ）の事務所などでは、気兼ねや緊張を伴うため遠慮が出ます。

もしも、交渉を中立的な場所の貸し会議室や飲食店で行うのであれば、あらかじめ下見をして、建物はどんな構造か、トイレはどこにあるのか、飲食メニューにはどんなものがあるのか――などをチェックしておくのがよいでしょう。

ちょっとした事前準備が、実際の交渉時にはリラックス効果をもたらし、ホームでの交渉のような余裕につながるからです。

また、先に条件提示するのは、**アンカリング効果**を狙ってのことです。

船を係留させる碇のように、初めに提示した条件が記憶に残り、そこからの交渉がスタートするからです。

そして、後から譲歩できるよう、最初は一定のやや高い条件を提示することが重要です。

こちらが低すぎる条件を出したのでは、ギリギリの限界値となり、一歩も譲歩できなくなって、交渉そのものが膠着状態に陥りかねないからです。

交渉の基点となる条件だけでなく、いつまでに交渉を終わらせる――といったタイムリミットも相手方には悟らせないことです。

ワシの描いた渾身の力作がこの「富士」です
1千万円ならお譲りするにヤブサカではないですよ…
富士
えっ！
さいなら〜

アンカーが高すぎると、そもそも“交渉”にならない

もちろん、こちらが強い立場で交渉に臨める場合は、反対に「○月○日までに、決めていただかないと交渉を打ち切ります」などと告知して、相手方の決断を促すブラフ（ハッタリや脅し）にすることもあるでしょう。しかし、通常はタイムリミットを秘匿したほうが、こちらの手の内を読まれずにすみます。

なお、妥結にもっていく最終段階では、双方がウィンウィンの関係になれたと了解できることが大事です。一方が不利な条件では、契約を無理に飲まされた――と後あとまでシコリを残しかねません。認知を中立に保つことが重要なのです。

それには、遠い未来への志向も取り入れ、メ

リットを強調することも必要です。

かつて、1973年当時のイトーヨーカ堂の鈴木敏文氏（現セブン＆アイHD名誉顧問）が、日本でセブン - イレブン事業を始めようと、米国のサウスランド社とライセンス交渉を行った際の有名な逸話があります。

サウスランド社は、「展開エリアは東日本のみ」「8年間で2000店出店」「ロイヤリティは売上の1％」などの厳しい条件を突きつけましたが、鈴木氏は全てに難色を示します。そして最終的に「展開エリアは日本全国」「8年間で1200店出店」「ロイヤリティは0・6％」という日本側が余裕のもてる条件で妥結させます。

米国というアウェイでの交渉ながら、鈴木氏は日本と米国の小売り事業の違いを説き、8年先ではなく20年後、30年後といった長いスパンでの未来志向で事業の将来性を語り、最後はウィンウィンの関係で契約をモノにしたのでした。

まとめ　交渉では相手の土俵に乗らず、アンカリング効果を活用。

第6章

認知バイアスを読み解く

31 口癖で探る認知バイアス

確証バイアス、ダニング・クルーガー効果

「血液型性格占い」は、科学的根拠がなく、統計学的にも否定されています。

それなのに、「そんなことはない。A型の山崎さんは几帳面だし、B型の吉田さんはズボラでいい加減なところがあるし……」などと反論する人がいます。

これこそ「**確証バイアス**」の成せるワザで、自分の考えに都合のよい証拠だけを集めた偏った判断にすぎません。

また、能力の高い人ほど、自分を謙虚に過小評価していたり、卑下する傾向さえあるでしょう。

反面、能力の低い人ほど、「井の中の蛙」現象の「**確証バイアス**」で自己評価が驚くほど高かったりします。

これは「優越の錯覚」から生じる「**ダニング・クルーガー効果**」という有名な**認知バイア**

スです。能力が高い人ほど「**メタ認知**（自分を客観視）」することに優れ、能力の低い人ほど、それが弱いからです。

こうした**認知バイアス**は、誰にでも生ずるもので、人の性格形成にも多大な影響を及ぼしています。周囲の人を観察すれば、いろいろな口癖からも、性格に反映された**認知バイアス**の傾向が見て取れます。

とりわけ「**確証バイアス**」に陥りがちな人の口癖には次のようなものが目立ちます。

- **「なるほど」「たしかに」……相手に共感しているかに見えますが、内心は自分の意見に固執する傾向が強い人です。**
- **「でも」「だけど」「というか」……相手の意見に批判的で逆説の接続詞を使いがちです。自分の主張を押し通したく、自己愛やプライドの高さが窺えます。**
- **「要するに」……相手の話を要約してまとめたい人で、仕切りたがり屋です。**

じゃ、注文はとりあえずビールね!
お客様!
「とりあえず」という銘柄のビールはございません!
当店では、アサヒ、キリン、サッポロ、サントリー、よなよな、ハイネケン、ギネスといろいろ取り揃えております。お客様も責任をもってご注文下さるようお願い申し上げております!

“口癖”ひとつで「認知」にかかるバイアスがわかる!

●「一般的には」……自説に普遍性をもたせたく、押し付けがましい性向です。

●「やはりそうだったか」……物事の帰趨（きすう）を見通していたかに装いますが、気まぐれの人です。単なる「後知恵バイアス」で自己正当化を図りたいのです。

●「きっと」「必ず」「絶対」……自分に自信がなく自分を鼓舞する性向の人です。

●「ちなみに」……親切に周辺情報まで伝えたい人ですが理屈っぽい傾向です。

●「それはそうと」……他人の意見を聞くより、

自分の意見を主張したい人です。

●「とにかく」……面倒くさいことは省いて、自分の主張に賛同させたい人です。

●「とりあえず」「一応」「まあ」……争いを好まない温厚な性格ながら、間違っても責任をスルーしたい自信のないタイプです。

ざっと見ても、「自分に都合のよい証拠があれば飛びつきたい」「自分に自信がないので自分を補強する材料が欲しい」といった性向が窺える人たちでしょう。

こうした口癖のタイプの人が、容易に「**確証バイアス**」の罠に陥りやすいのです。

客観性を説くことで、そうした罠から解放してあげることも必要でしょう。

まとめ

口癖からも、相手のバイアスがわかる！

32 動作や仕草・クセから探る認知バイアス

行動心理学、パーソナル性格診断

誰かから親切に扱われると認知は和やかに緩みます。

警戒心が解かれるからです。

したがって、あなたを罠にはめようとする人も、笑顔で親切に近づいてくるケースが多いでしょう。あなたを油断させるためにです。

世の中には、**サイコパス**（反社会性人格障害）と呼ばれる気質の人も、20～30人に1人ぐらいの割合で存在するといわれます。結構多いのです。

サイコパスの人は、幼少時から冷酷で残忍で、昆虫や小動物を弄（もてあそ）んで殺して喜んだり、ウソつきのうえ、平気で万引きを繰り返すなど、極度に罪悪感が欠如している人物と指摘されます。

しかし、成長するにしたがい、社会性を身に付けるようになると、そうした悪意の面は覆（おお）

い隠され、表面的には極めて善良な人物像を演じられるようにもなる――といいます。大人になるにつれ、人の心をつかむのが非常に巧くなるのです。

このようにサイコパスの人は、知能の高い人が多いゆえに、高度なコミュニケーション能力を発揮し、人々の認知を自分に有利なものに変えていきます。こうなると、善人なのか悪人なのか、見分けるのもなかなか難しいでしょう。

ところで、動作や仕草、あるいはクセなどには、その人の認知傾向を示す特徴が現れるとされています。犯罪心理学のプロファイリング分析などでもお馴染みでしょう。したがって、悪意のある特徴を早めに見極めることが重要になります。

相手から聞かされる話の内容が、たとえあなたにとって、非常に好ましいものであっても、それが必ずしも真実を表しているとは限らないからです。

罠にはめられないためには、いくつかの警戒すべき動作や仕草のパターンを覚えることで、相手の深層心理や認知の傾向を探ることが大切なのです。

相手がテーブルをはさみ、正面に座った時の悪意のある特徴をひと通り見ておきましょう。

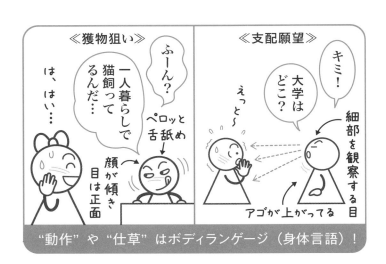

≪獲物狙い≫
ふーん？
一人暮らしで猫飼ってるんだ…
は、はい…
ペロッと舌舐め
顔が傾き目は正面
≪支配願望≫
キミ！
大学はどこ？
えっと〜
細部を観察する目
アゴが上がってる
“動作”や“仕草”はボディランゲージ（身体言語）！

●アゴを上げ気味のまま話す人は、こちらを見下し、支配願望を表しています。
●アゴを引き気味に、上目遣いで話す人は猜疑心と警戒心をはたらかせています。
●笑う時に口角の上がり方が左右対称でない人は、軽蔑の心をもっています。
●テーブル上で、正面を囲うように両手で指を組む人は疑い深い人です。
●テーブル下に隠れた手の指のうち、人差し指が立つ相手は敵愾心をもつ人です。
●目を細めずに口元だけで笑う人は、こちらをどう料理するか狙っています。
●笑う時にも、眉間にシワがよる人は内心の悪意をひたすら隠そうとしています。
●話しながら、途中で唇を舌で舐める人は、獲物をしとめようと虎視眈々です。
●時折、こちらの細部を観察する目線を送る人は攻撃のチャンスを窺っています。
●テーブル下で脚をクロスさせる人はリラックス、脚が横向きの人は退屈気味。
●話の途中、人差し指を立てるクセのある人は、内心で見下し、バカにしています。
●時折顔を斜めに傾けたまま、正面に目線を送る人は騙し方を検討しています。
●遠回しに「脅し」ともとれる話で結論を迫る相手は凶暴性アリなので危険です。

いろいろありますが、こうした特徴を表す相手との対話はプラスになることはまずありません。あなたを罠にはめようとしているか、テキトーにあしらってこの場を取り繕っておこう――といったレベルの邪(よこしま)な認知が窺えるからです。

早目に別の用事を理由にして、退散することが正解でしょう。ともあれ、こうした特徴がなくても、自分の第六感で「イヤな感じ」がしたなら逃げるが一番です。

まとめ　相手の深層心理や認知の傾向を知って、自分を守ろう。

33 言葉で操る認知バイアス

複数回答、系列位置効果（親近効果）

面接試験を受ける時は、誰もが緊張するものです。どんな質問をされるのか不安だし、想定外の質問にうまく答えられるかも心配だからです。

たしかに一問一答の受け答えだけで、面接官の認知も大きく影響を受けます。

面接官「数ある同業他社のなかから、弊社を選ばれた理由は何ですか？」
受験者「はい。業績の伸びが著しく高いのが魅力に思えました」
面接官「弊社が急成長してきた理由を、どのように分析されていますか？」
受験者「はい。御社の創業者〇×社長の果敢なリーダーシップが大きいかと……」
面接官「では、弊社の社長の〇×がいないと急成長は無理だったとお考えですか？」
受験者「えっ、いや……その……。そういうわけでもないですよね……（シドロモドロ）」

これは、答えを一点に絞ったために、イジワル質問を誘発してしまった例です。

受験者「はい。○×社長のリーダーシップや、社員のチームワークが際立っていたことが大きかったと思います」
面接官「社員のチームワークがよかったという事例は、何かご存じですか？」
受験者「はい。いわゆるアメーバ経営という小集団の独立採算性が社員それぞれの結束を育み、それが収益に大きく貢献していったのだと思います」
面接官「なるほど。ところでアメーバ経営にも欠点があるのはご存じですか？」
受験者「はい。いくつか存じておりますが、御社の場合はメリットがデメリットを上回ったと考えます。指標に顧客満足度を加えた点が特にそうです」

このように、一点に絞らずに多面的に答えると、一問一答も続いていくのです。

面接時の受け答えでは、多面的に答えるからこそ、面接官の認知も多面的に広がります。理由を何かひとつに絞ると、面接官の突っ込みを誘発しやすいのです。

自己紹介の場面でもそうなります。

キミ若いのに「盆栽」が趣味？
でも、アレって植物虐待じゃないの？
あの…その、盆栽は世界的に人気で…（シドロモドロ）
趣味はゲートボールに詩吟に盆栽か…若いのにお年寄りとの交流が好きなの？
えらいね！
ご年配の方々からは、非常に学びが大きいと…
「単一回答」は“突っ込み”を誘発しやすい！

受験者「小中高大と野球一筋に邁進（まいしん）してきました。根性だけは誰にも負けません」
面接官「きみは、野球しか人生経験はないってことですか？」
受験者「いや、あの……その（汗）。そういうわけでは……（撃沈）」

自己紹介も複数の多面的な提示が、面接官の認知を広げます。

受験者「野球を中心にスポーツは万能です。英語はTOEIC700点です」
面接官「ほう、スポーツ万能で、英語も頑張ったんですね」

ただし、弱点も併せて述べる際には、覚えておきたいのが**系列位置効果**です。

「野球で頑張りすぎたので学業成績は悪いです」と言うと印象を悪くします。

「学業成績は悪いですが、野球は頑張りました」と言うと印象を良くします。

後の言葉が記憶に残るからです。「弱点」は先に、「強み」は後に言うことです。

×→「性能抜群ですが価格は高いです」→○「価格は高いですが性能抜群です」

×→「彼はいい奴だけどケチです」→○「彼はケチだけどいい奴です」

×→「明るい家庭ですが貧乏でした」→○「貧乏でしたが明るい家庭です」

面接での回答は多面的に。そして「弱点」は先に、「強み」は後に――が面接必勝法です。

まとめ

多面的な答えで、ポジティブに受け取ってもらおう。

34 攻守を入れ替える認知バイアス

認知の逆転現象、プロスペクト理論

交渉は、「**お願いする側**」よりも「**お願いされる側**」が優位に立てます。

「**お願いされる側**」は、認知に余裕が生まれます。

YESかNOか、はたまた何かの条件をつけてYESかNOとするかは、つねに「**お願いされる側**」が実権を握っているからです。

そのぶん、選択肢の幅が広いので強気でいられます。

A「この製品、来月末じゃなく、何とか今月中に納品してもらえませんか？」

B「それは無理ですね。うちにも段取りってものがあるから」

A「そこを何とかお願いしますよ」

B「駄目なものは駄目ですね。特急料金で2割増しなら考えますよ」

A「ええーっ、2割増しって、そんなベラボーな！」
B「じゃあ、無理ですね。来月末まで待ってください」

このように、無下にもお願いは却下されました。Bはしたたかでした。料金の2割増しという条件を打ち出したのです。このように、「**お願いする側**」がひたすらお願いするだけでは、Aは足元を見られ、特別料金まで吹っかけられます。

ここは、「**お願いする側**」のAのほうから新しい条件を打ち出すべきでした。

A「この製品、来月末じゃなく、何とか今月中に納品してもらえませんか？」
B「それは無理ですね。うちにも段取りってものがあるから」
A「今月中に納めてくれるなら、X社に出してる注文を御社にも回しますよ」
B「えっ、それホント？　そうしてくれるなら、頑張ってもいいけど……」
A「おお、そうですか、話が早いな。じゃあ、今月中に納品してくださいね」
B「待ってよ。X社に出してる注文はどのくらい、うちに回してくれるの？」
A「50ロット回しますよ。これで、おたくもかなり儲かるでしょ？」

お願いですから今回だけ消費税分を負けてくださいよー!
それは無理…仕入れに消費税払ってますからね…
あのう…Kポップアイドル MKのコンサートチケットあるんすけど…
エエ〜ッ?
じゃ、今回だけ負けるけど上司には絶対内緒だよ!
Kポップ好き

「バーター取引」を持ちかければ認知は逆転!

B「ええっ、50ロットばかりですか？　150ロットぐらい回してよ」
A「それは無理ですよ。X社だって怒り出すよ、そんなにおたくに回したら」
B「そこを何とかお願いしますよ。ね、せめてじゃあ、100ロットで、ね？」
A「わかりました。今回は特別100ロット回しますよ。今月納品も頼みますよ」

いかがでしょうか。Aが「**お願いする側**」から「**お願いされる側**」に見事に入れ替わっています。

Bの認知に、新しいメリットを付加してやると、そのメリットを獲得したくて立場が逆転するのです。これは「**プロスペクト理論**」でも説明できます。
人は目先の利益を得ようとし、損失回避を図りたくなる——という「**損失回避理論**」です。
今、Aの提案に乗らないと損をするという認知に変わったのでした。

販売員「お客さん、これはお買い得ですよ。かなりのお値引き価格ですから」
お　客「ポイントがたった4ポイント付与か。ネットで買ったほうがトクだよな」
販売員「じゃ、お客さん、6ポイント付与にしますからお買い上げ下さいよ」
お　客「もうひと声、8ポイントつけてくれたら、買ってもいいけどな……」
販売員「わかりました。特別に8ポイントつけますから、お買い上げ下さいね」

あらかじめ、相手が食いつきそうな好条件をちらつかせることが大事です。
認知を逆転しさえすれば、多少無理な要求でも通すことができるのです。

まとめ **認知を逆転させせれば、「お願いする側」から「お願いされる側」に!**

35 マイナスをプラスに変換する認知バイアス

フレーミング効果、言霊（ことだま）効果

数字を使って認知を換える**「フレーミング効果」**はすでにお伝えしました（項目8、44頁）。ここでお伝えしたいのは、言葉による**「フレーミング効果」**です。

言葉の使い方ひとつで、人は気分が明るくなったり、暗くなったりするものでしょう。

とりわけ、人は誰でも失敗した時には「あーやっちまった」と愕然（がくぜん）たる思いにとらわれるものです。

しかし、ここで「もう終わりだ」と感じる人と、「またやり直そう」と再び前向きになれる人とでは、180度認知が異なっています。

「コップには、まだまだ水が残っている」と考えられるか、「コップには、もうほとんど水

はない」と断定するか――といった「物事のとらえ方」の問題なのです。

つまり、ポジティブ思考ができるか、ネガティブ思考にとらわれるかで、人間のその後の可能性、人生の展開力さえもが大きく左右するといってよいわけです。

すぐにあきらめる人と、粘り強く頑張る人の違いは、「認知」のクセや歪み、まさしくバイアスそのもの――です。これは、何といっても日頃の「思考習慣」に大きく影響されるのです。

くじけそうな認知を、前向きな認知に換えるには、思考を司る「言葉の力」が大いに寄与してくれます。こうした「**言霊**(ことだま)**効果**」を味方にすべきでしょう。

日本のオリンピック女子陸上マラソンで初の金メダル（2000年シドニー五輪）を獲得したアスリートの高橋尚子さんは、なかなか芽が出なかった高校時代に、ある言葉を高校の恩師から教わったそうです。

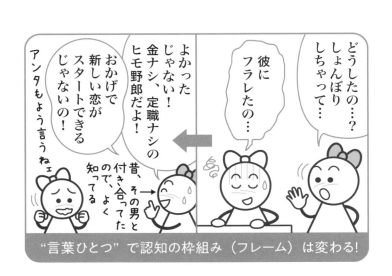

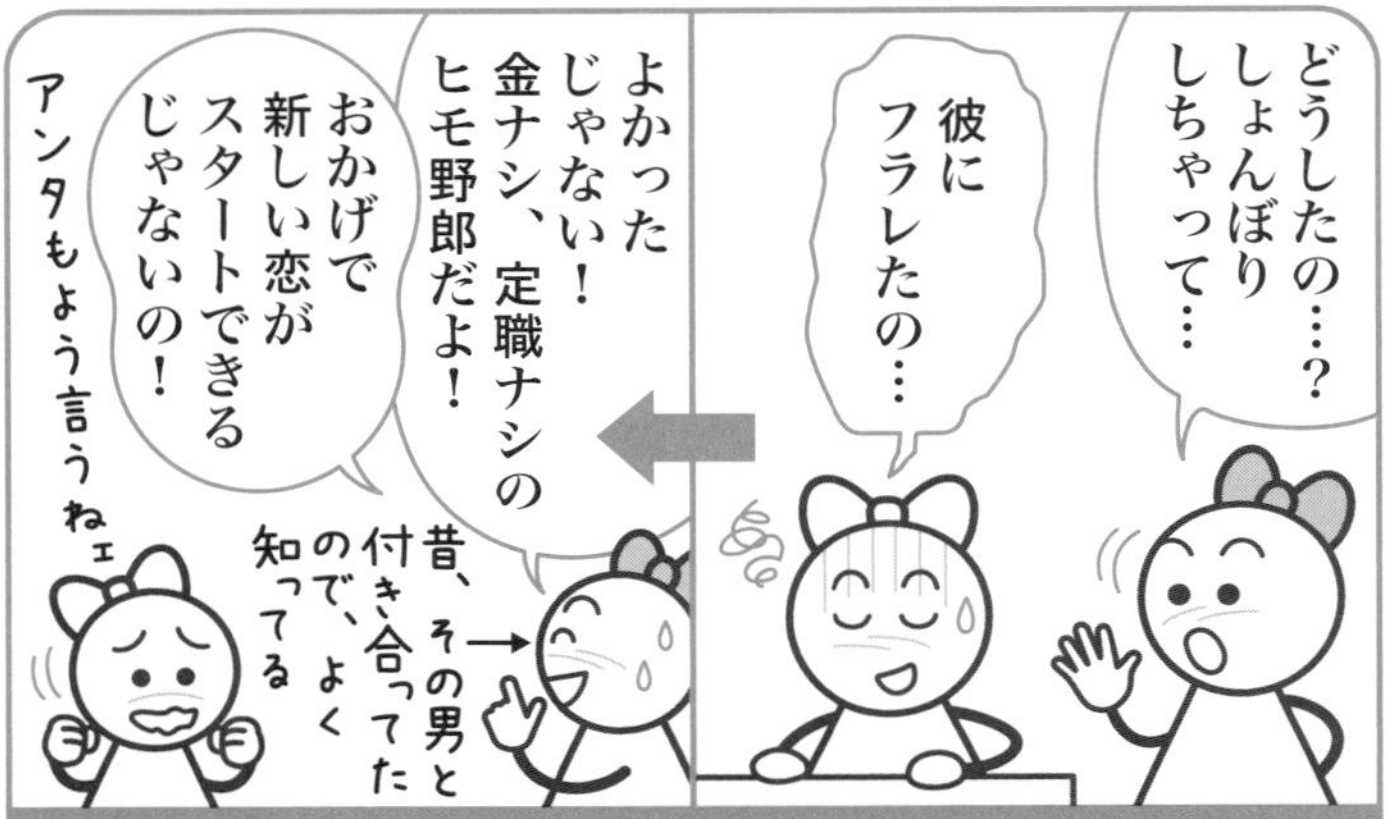
どうしたの…? しょんぼりしちゃって…
彼にフラレたの…
よかったじゃない! 金ナシ、定職ナシのヒモ野郎だよ!
昔、その男と付き合ってたので、よく知ってる
おかげで新しい恋がスタートできるじゃないの!
アンタもよう言うねェ

“言葉ひとつ”で認知の枠組み（フレーム）は変わる!

「何も咲かない寒い日は、下へ下へと根を伸ばせ、やがて大きな花が咲く」

この言葉を糧に厳しい練習に臨んできたそうです（元三洋電機副社長・後藤清一氏の著書の言葉）。

高橋選手の練習量は、マラソン選手のなかでもずば抜けていたことで有名です。

1本の公式マラソン試合を前にして、40キロを15本、30キロを35本走り、酸素の薄い高地練習では、月間1200キロ以上も走り込む——といった超人的な努力をしていたといいます。

また、同じく日本のオリンピック女子陸上マラソンで2大会連続（1992年バルセロナ五

輪で銀、1996年アトランタ五輪で銅）でメダルに輝いたアスリートの有森裕子さんは、練習中に故障が多く、練習ができなくて泣かされた日々も多かったそうです。そんな時、女子陸上競技界の名伯楽といわれた故・小出義雄監督の言葉を噛みしめたといいます。

「有森、故障して『なんで？』と思うな。『せっかく』と思え」という言葉に何度も救われたそうです。「意味のないことなんか何もない。どんなことが起きても『せっかく』と思えたことで、どれだけ故障しても立ち向かえた」と有森さんは、述懐しています。

言葉の力で認知を換え、希望の力とした人は、アスリート以外にも数多いことでしょう。失敗の時、挫折の時、スランプの時こそ、認知を換えてくれる「言葉の力」は偉大です。

時折、名言集や格言集にふれてみるのも大事な習慣となるでしょう。

まとめ

くじけそうな認知を、前向きな認知に変換しよう！

第7章

男と女の認知バイアス

36 「男性脳」と「女性脳」の認知の偏り

思考のバイアス、「男性脳」と「女性脳」

男性は女性と初対面の際、無意識のうちに女性の「体型↓顔↓服装↓持ち物」の順に視線を走らせ、自分の丈夫な子孫を残せる女性かを瞬時に割り出しており、反対に女性は、男性の「服装↓持ち物↓体型↓顔」といった順で、自分の子供を守り育てる能力(経済力など)のある男性かどうかを判断している——といった、もっともらしい本能行動の話がありますが、もちろん真偽は不明の俗説です。

よく言われているのは、「**男性脳**」と「**女性脳**」の違いです。これが認知を司るからです。人間の脳は、「右脳」と「左脳」に分かれています。「右脳」は感覚や空間、抽象的な処理を行い、「左脳」は言語や数字、論理的な処理が得意とされますが、この両者をつなぎ連携させる「脳梁(のうりょう)」という神経線維の束が、男性は細く、女性は太くなっているそうです。

そのため、会話の時に、女性のほうが「右脳」と「左脳」の両方をバランスよく使い、男性は「左脳」のはたらきのみが支配的になりやすいといわれます。

ゆえに、女性が言葉巧みに感覚的、情緒的な思考で、お互いの共感を重視するのに対し、男性は論理的思考にのみ傾き、理屈や根拠が重視されるといいます。


太古の昔、子守をしながら採集に励んだ女性同士は共感でつながっていたのに対し、男性は狩猟の結果による能力で序列が決まっていたことがその由来ともいえます。

女性が占い好きで、その判断内容に興味や共感を示すのに対し、概して男性は、占いなんて根拠がない——として否定的な人が少なくないゆえんなのです。


また、女性が感覚で単純に「これ、かわいい！」などと周囲に共感を求めることが多いのに対し、男性は「え？　これのどこが？」などと戸惑うことでしょう。

つまり、女性同士の会話では、認知が共感的であることが主流になっています。

「今日は疲れたねー」と誰かが言えば、「ホントそうだねー」「早くご飯食べたいねー」「そ

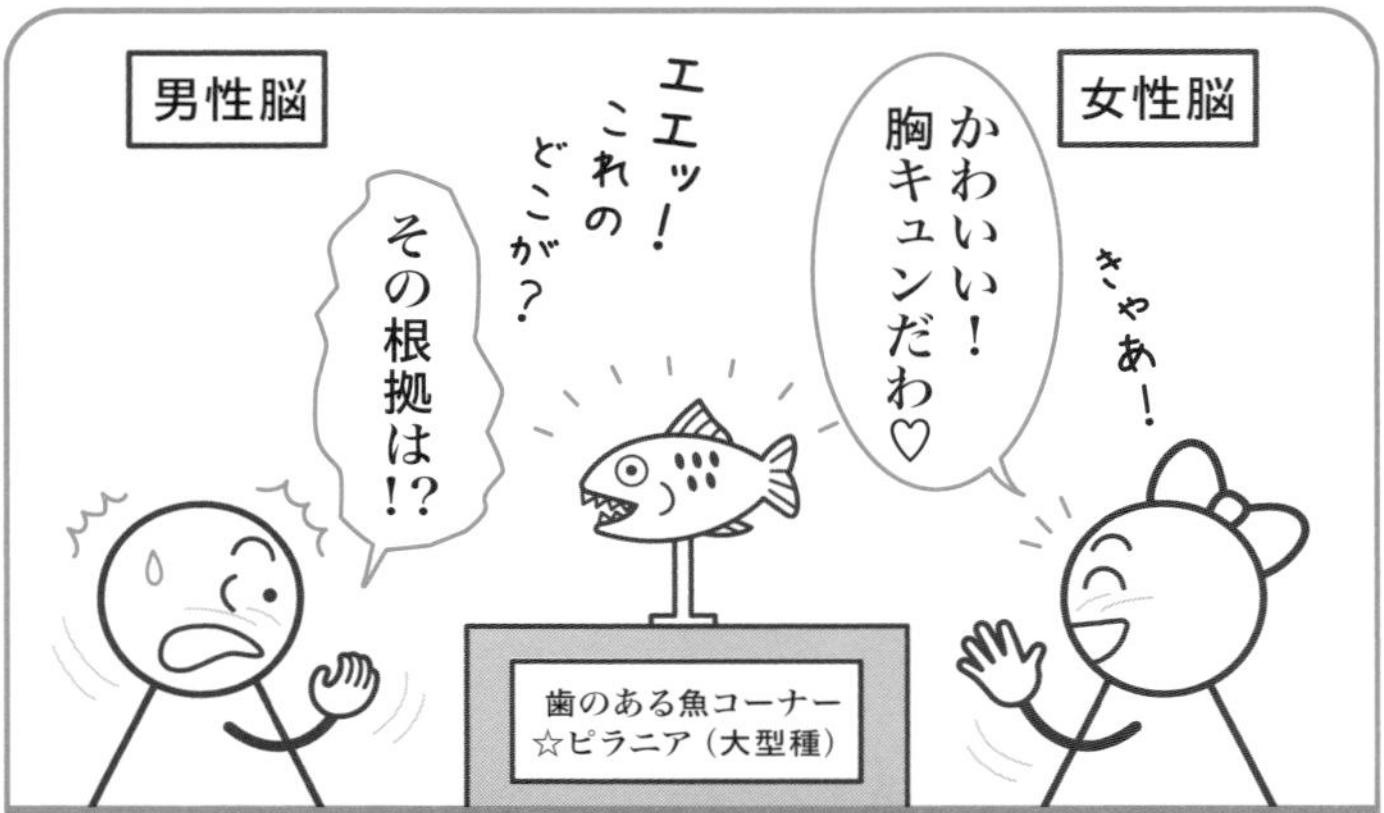
男性脳
女性脳
その根拠は!?
エエッ!これのどこが?
かわいい!胸キュンだわ♡
きゃあ!
歯のある魚コーナー
☆ピラニア（大型種）

しょせん「男性脳」と「女性脳」は相容れない!

うだねー、○○のお店なんか、よくない？」「そうだねー、久しぶりだしね」などと、会話が連綿と続いていくのです。

ところが、男性同士の場合は、「今日は疲れたなー」という誰かの言葉に、「課長の指示が遅かったからな」「○○の段取りも悪かったし」などと、原因や犯人捜しになったりしがちです。理屈でモノを考えていくので、こうなりがちなのです。

男女で会話をする時には、こうした認知の違いを理解していないと、男性が女性に対してお節介にも「それは、○○にも原因があるからだよ」などと余計な指摘をして、女性に「そんなことわかってるわよ！」などと逆切れさせたりします。

なお、必ずしも男性と女性できっちり「**男性脳**」「**女性脳**」に当てはまるわけではありません。逆の場合や、強弱の度合いもあって、一様ではないからです。

イギリスの心理学者のジョン・マニング博士は、「**二本指の法則**」で、人差し指が、薬指より短い人が「**男性脳**」で、薬指と同じか長い人は「**女性脳**」という説を提示しました。

胎児の時に、男性ホルモンのテストステロンを多く浴びると、人差し指が薬指より短くなり、女性ホルモンのエストロゲンが優勢だと人差し指が薬指と同じか長くなる――という説なのです。ネズミでの研究なので、人間には当てはまらない――ともいわれますが、学校や職場で、「指の長さ比べ」を実際にやってみると、案外当たっていた――という人も結構いるので面白い説なのです。

まとめ

異性との会話は、認知の違いを理解しておこう。

37 グループへの帰属で魅力を増す

パレートの法則（2割8割の法則）、ロングテールの法則、チアリーダー効果

男女はお互いが恋愛対象ゆえに、思春期や青春期には、疑似恋愛対象としての異性の「アイドル（偶像）」という仮想現実的な存在が、商業的にも成立します。

アイドルとしては歌やダンス、俳優などとしての活動が象徴的ですが、同年代の疑似恋愛対象での「偶像」なので、飛びぬけた技能や才能よりも、その「外見」や「雰囲気」が重視されます。アイドルはかわいく、爽やかで身近に感じられるイメージを醸すほど、かえって人気が出たりするものでしょう。

しかし、従来のアイドルビジネスでは、つねに年齢がネックになりました。

外見重視ゆえに、年齢を重ねると、容色の衰えが致命的だったからです。

しかし、アイドルも単独の存在でなく、グループとして売り出すことで、ファン層を多重

化したり、グループ構成員の数を増やして、個別の構成員の「卒業」や「新メンバー加入」を繰り返すことで、人気を長く保つビジネスモデルに発展しています。モーニング娘。やAKB48などが息の長い存在を保つゆえんです。

こうしたビジネスモデルは、認知心理学的にも蓋然性（がいぜんせい）をもちます。

経済モデルでは、イタリアの経済学者パレートが提唱した「**パレートの法則**」が知られますが、これは、「**2割8割の法則**」とも呼ばれ、2割の商品が売上全体の8割を占めている、2割の優秀な社員と6割が普通の社員で2割が働かない社員で構成されるといった組織の「**262の法則**」としても有名です。それゆえ「働きアリの法則」「バラツキの法則」とも呼ばれます。

アイドルグループもこの例に洩れず、2割程度の主力人気メンバーが8割のファン層を獲得している――といった現象もあることでしょう。

また、アイドルグループは、2割8割の「**パレートの法則**」とは反対方向で生じる「**ロン**

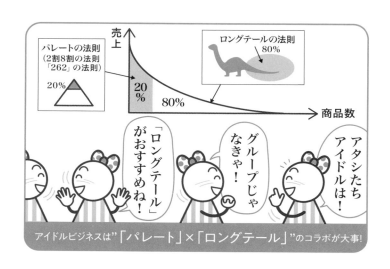

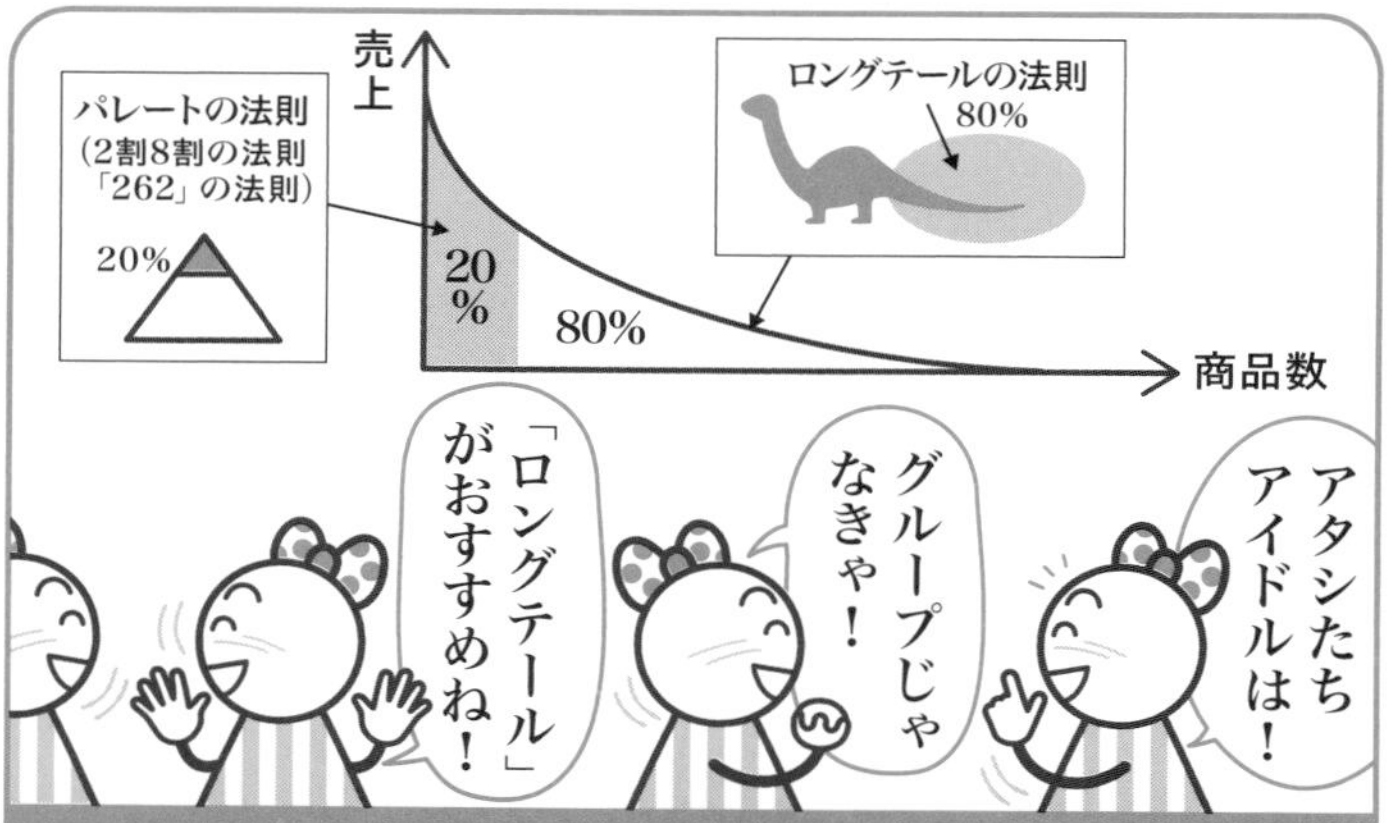
売上
パレートの法則
(2割8割の法則
「262」の法則)
20%
20
%
80%
ロングテールの法則
80%
商品数
アタシたち
アイドルは！
グループじゃ
なきゃ！
「ロングテール」
がおすすめね！

アイドルビジネスは"「パレート」×「ロングテール」"のコラボが大事!

グテールの法則」も機能させている――ともいえます。

ロングテールとは「長い尾」のことで、普段は売れない商品でも、その集積を合計すれば2割の人気商品の売上をも上回るという「大量在庫による売上確保」を意味します。

従来は、売れない商品を大量に店舗に揃えるのは、物理的限界がありましたが、通販ビジネスのアマゾンは郊外に巨大な倉庫を作ることでそれを実現しました。動画サイトのネットフリックスも、ネット上なので、どんなに古い映画や人気のないドラマでも観ることを可能にしています。アイドルグループも新メンバーの大量注入や入れ替えでこれに類似させ、その命脈を保っているともいえるのです。

ところで、アイドルのグループ化には他にもメリットがあります。アイドルは、一人で売り出すより集合体にするほうが、メンバー全員が輝いて見えるからです。

これは「**チアリーダー効果**」と呼ばれる**認知バイアス**です。一人よりも集団でいるほうが魅力的に映るのです。人間の脳は、個々の顔を集合させると、平均化します。すると個々が魅力的に映るのです（アンサンブル知覚による平均への回帰）。コンピューターで人の顔を平均化すると美男・美女が生まれるからです。

なお、若くて魅力的な女性の存在が男性を勇気づける効果も「**チアリーダー効果**」と呼ばれます（異なる若い異性の存在で性欲を亢進させる「**クーリッジ効果**」というのもある）。また、顔の一部が隠れていると脳は上質に補正してくれます。

ゆえにSNSで異性を募集したり、見合い用に使う自分の写真は、友人たちと一緒に撮った写真や、やや横を向き、ほんの少し顔を隠したものがよいわけです。

まとめ

2割8割の法則はビジネスにも顕在（けんざい）。

38 異性に自分を浸透させる

単純接触効果、馴化（じゅんか）作用

米国の心理学者で、コミュニケーションの要諦を説いて名高いのがロバート・ザイアンスです。彼が「**単純接触効果**」を中心として提唱した「**ザイアンスの法則**」は次の通りです。

①人は、知らない人には、攻撃的、批判的、冷淡に接する。
②人は、会えば会うほど好意を持つ。
③人は、相手の人間的側面を知った時、より強い好意を持つ。

②の「人は、会えば会うほど好意を持つ」というのが、「**単純接触効果**」ですが、これには重要な条件があります。

「嫌われない限り」という前提条件付きなのです。嫌いな人に何度も会うのは苦痛です。

やっ、ドモドモ……
ちわ!
あら、あの人またウチの課に来てるわ…
なんか愛嬌あっていい人かも…

わずかな「接触」も繰り返せば「蓄積」になる!

それが繰り返されるのは耐え難いからです。街中に張り巡らされる選挙用ポスターなどでも、好感を持つものもあれば、不快に感じるものもあるでしょう。

この法則は、対人関係以外にも当てはまります。テレビやネットで何度も流れるＣＭの商品は、いつのまにか親しみを覚え、スーパーなどの棚で見つけると、つい買ってしまいます。

冬場になるとインスタントラーメンのおいしそうなＣＭがやたらと流れるのも、この効果を狙っているのです。

あなたが意中の人と自然な形で親しくなりたい時、この「**単純接触効果**」は、お手頃で、おすすめの**認知バイアス**となります。

「単純接触」とは、接触時間の「長さ」ではなく「回数や頻度」だからです。

近づきたい人がいる場所に、何かと用を作り、頻繁に顔出しすればよいだけなのです。犬の散歩でよく出会う人たちとは、自然に心の距離も縮まっているでしょう。その要領を思い浮かべて実行してみることです。

ペコッと会釈する、「こんにちは」と軽く声かけする。これを繰り返していきます。やがて、お互いの警戒心が薄れ、気の利いた挨拶を交わしたり、少し雑談ができる感じになっていけたら、しめたものなのです。

ただ、ここまできても、まだ「親しい顔見知り」の関係にすぎません。意中の人が異性なら、もう一歩進展させてデートに誘いたいところでしょう。もっとも、いざ誘うとなると勇気がいると思われますが、心配はいりません。

何とも思っていない異性を片っ端から誘い、本番のデートに備えて、予行演習を繰り返せばよいだけだからです。

何とも思っていない異性にならば、臆することなく「今晩、飲みに付き合ってくれない？」

などと言えるでしょう。自然体で振る舞えるからです。

「初デート」で玉砕する人が多いのは、好きな相手に接すると意識しすぎて、言動がぎくしゃくし、相手からつまらない人間と思われてしまうからです。

とにかく、異性に慣れておけば、どうってことはなくなるのです。

これは、「**馴化**（じゅんか）」と呼ばれる**認知バイアス**です。

「慣れること」が重要なのです。慣れれば「緊張」しなくなります。

世間には、「モテる男」も「モテる女」もいます。モテるのは異性に対して自然体で振る舞いながらも、好意をアピールするのに慣れている人たちなのです。

意識せずにすむ異性にどんどん声をかけ、モテる人を目指して練習しましょう。

まとめ **親しくなりたければ、頻度と慣れで相手に近づこう。**

39 体感で異性との距離を縮める

タッチングアプローチ、ボッサードの法則

人と接する時、私たちは、無意識に相手との距離感を大切にしています。

見知らぬ相手に、自分のパーソナルスペースに入ってこられると脅威を感じるからです。

パーソナルスペースとは手を伸ばせば触れ合える範囲をいいます。

恋人同士や夫婦、親友といった親密な間柄なら許せても、赤の他人に入られるのには抵抗を感じる空間のことです。心の距離と物理的距離は比例しています。

相手と自分との立場や関係性で、それぞれに適度な距離感を保っているのが私たちなのです。

相手と、より親しくなるためには、この距離感は、できるだけ狭めたいものとなるでしょう。

相手との距離を縮めたい時、センサーの役割でも使えるのが、心理学でいう「**タッチング**」です。

タッチングとは、身体的接触のことをいいます。

これで相手の反応を見れば、相手の心の動きもわかります。

「握手する」「背中に手を添える」「肩や背をつつく」「服の袖を軽く引っ張る」「手相を見る」「頭を軽くポンポンする」……などいろいろな形態があります。

ただし、こうしたタッチングには留意点があります。

- **男性同士だと、タッチングは上下関係のマウント取りに感じられ、好まれない。**
- **男性から女性へのタッチングは、脅威と感じられ、警戒されることが多い。**
- **男性は、女性から笑顔でタッチングされると、好意を感じて嬉しくなる。**

ホラ、早く
行かないと！
急いでよ
ぎゅっ！
わ、わかった
ってば…
でも、なんか
ウレシイ！
男性は女性からのタッチに弱い…

女性から男性へのアプローチが、最も効果的な**タッチング**になるのです。

女性は**タッチング**で距離を縮めていけばよいだけ――ともいえるわけです。

なぜ、男性は女性からの「笑顔の**タッチング**」を喜ぶのでしょうか。

男性は、女性が自分に触れてくると、自分が頼られている――と感じるのです。ゆえに自尊心が満たされます。自分への好意と信頼の証と思えるからです。

タッチングについていえば、男女関係は物理的距離が近いほど、心理的距離も狭まる――という「**ボッサードの法則**」が有名です。

心理学者のボッサードは、遠距離恋愛は失敗に終わりやすい——ことを5000組のカップルの調査で明らかにしています。

2人の距離が離れるほど、結婚に到る確率も低くなっていったからです。遠距離恋愛の人は、どちらか一方が相手のところに通うのではなく、お互いの中間地点でのデートが鮮度を保てます。

キャバクラでは、男性の1人客用の席として、女性キャストが向かい合う席より、隣り合わせで座らせるボックスシートにしている店が少なくありません。

席数を多く取れるという営業上の理由もありますが、女性キャストと男性客を隣り合わせで密着させて座らせたほうが、親密になりやすいからなのです。

まとめ　女性の笑顔のタッチングは、男性にとっては頼られていると思われる。

40 対等の関係をつくる

最小関心の原理、ジェラシー

「惚れた弱み」という言葉があります。これは、「**最小関心の原理**」という心理学の法則を表しています。

相手に対する関心が小さい者が、関心を多くもつ者よりも、主導権を握れるのです。

惚れられた側が、惚れた側より「優位」に立てるわけです。

ゆえに、大好きな人にやっと告白し、どうにか念願叶って付き合えるようになって喜んでいる人こそが、まず初めに気をつけなければならない法則です。

相手を好きであるほど、相手があなたへの関心を薄めてしまうからです。

破局への道のりを早めてしまう原因を、あなた自身がつくっているかも――という認識をもつべきなのです。相手を好きすぎる――とヤバいからです。

たとえば、デビュー後すぐに、人気絶頂のアイドルになった人なども、何の苦労もせずに手に入れたステイタスなので、ファンに取り巻かれてキャアキャア騒がれると、「まったく、うざい奴らだなあ」などとぼやく心境になることでしょう。

自分に纏わりつかれると、人は自由を制限されたように感じるからです。

カップルとして、相手と長く付き合いたいなら、相手と対等の関係、もしくは自分のほうにより多くの関心を向けさせる努力が大切なのです。

まずは、相手への「**ジェラシー**」の感情を消しておくことが肝心です。

ジェラシーは、「妬み」「嫉妬」「ヤキモチ」のことですが、方向性は2つあります。ひとつは、自分と同等かそれ以下だと思っていた人物が、自分以上に注目されたり、厚遇されるとやっかむ感情です。

もうひとつが、誰かを独占したいのに、独占できない苛立ちです。

恋愛では、この独占欲がジェラシーを掻き立てるケースが多いでしょう。

相手にヤキモチを焼くだけで、相手をどんどん優位に立たせ、増長させます。

ジェラシーをなくすには、認知における「**結晶作用**」を否定すべきです。

「**結晶作用**」とは、相手を実物以上に美化してしまうことです。

ツルピカ!
10年後
カッコイイ今
たしかに…
今はいいけど…
10年も経つと
どーなるか…
キミを世界一幸せにするよ
リストラされて金がねーんだ
おめえ水商売で稼いでこい!
10年後
カッコイイ今

“独占欲ジェラシー”は「結晶作用」の否定で克服!

カッコイイとかかわいいとかの外見なら、すぐに年を取って劣化することを想像すべきです。優しいとか誠実さとかの性格面なら、深刻な利害関係が絡めば、誰でもただちに守銭奴になって、決壊する内面であることを想像すべきです。

そして、むしろ自分のほうに相手の関心が向くように工作していきます。

①ミステリアスな自分を演出する……何でも自分のことをベラベラ話さないことです。情報は小出しに、意外な一面を相手に発見させることが大事です。「ちょっと友達に誘われて……」などと口を濁し詳細を語らないのも一法です。

②自分を安売りしない……メールの返信を遅ら

せたり、デートの誘いを時々断ったりするのも重要です。「今すぐ来て」と言われても食いつかないことです。

③自分のほうにジェラシーを向かわせる……「今日、新入社員から告られちゃった、アハハ」などとおちゃらけたり、異性の友人たちと楽しく飲み会で騒ぐ画像をＳＮＳにアップしたり、身近に親しい異性の存在を匂わせるのが効果大です。

いずれにしろ、自分に自信をもつことが、恋愛成就の王道なのです。

ちなみに、男性が浮気した場合、女性は浮気相手の女性を恨み、女性が浮気した場合、男性は直接女性を恨む傾向があります。ゆえに、男性は浮気がバレても元の鞘（さや）に戻りやすいのに対して、女性の浮気は元の鞘に戻るのは難しいわけです。

まとめ　長く付き合いたければ、関係は対等に！

第8章

攻めと守りの認知バイアス

41 大衆をあやつる
アンケートの捏造、ナッジ理論、選択的アーキテクチャー、極端の回避性

日本人が**同調圧力**に弱いことは、48頁（項目9）や130頁（項目28）でもふれました。「みんなと同じ」という集団意識があると、とても安心できるのです。

そして、こうした同調心理は、「共通の敵」を意識させるとさらに強化できます。また、集団を容易にまとめ、納得させる「仕掛け」も意図的につくりだせます。

たとえば、コロナ禍でテレワークが普及し、社員には大変好評でした。

しかし経営者側の認知は、効率が悪いというバイアスが強くなり（コミュニケーションに齟齬（そご）をきたす）、そのためオフィスワークに戻す動きも顕著でした。

ある会社では、リモートの在宅勤務に「賛成か反対か」などと、二択で社員に聞くような愚は犯さず、次のような三択から選ぶ感性アンケートを実施しました。

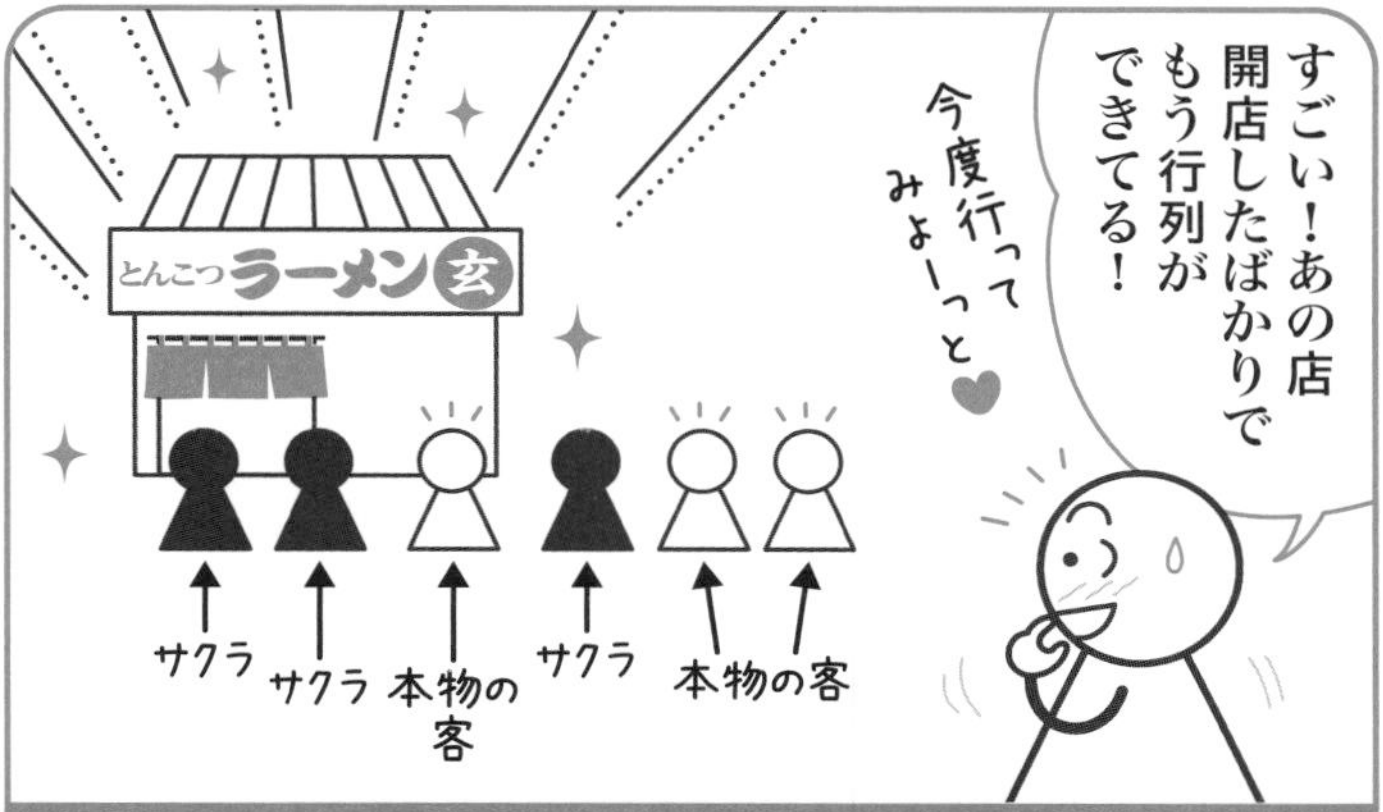
とんこつラーメン玄
すごい！あの店開店したばかりでもう行列ができてる！
今度行ってみよーっと
サクラ
サクラ
本物の客
サクラ
本物の客

行列を見ると"バンドワゴン効果"（48頁）で釣られてしまう！

①テレワークでのコミュニケーション不足を時折感じた……………24％
②テレワークでのコミュニケーション不足をほんの少し感じた………47％
③テレワークでのコミュニケーション不足を全く感じなかった………29％

これらのうち①と②だけを合計し、発表する時には「71％がテレワークでのコミュニケーションに不足を感じていた」と誇張し、テレワークを禁止しました。

こうした偽装手口は、内閣の支持率・不支持率調査などでも散見されます。

全員に尋ねて得たアンケートの総合的評価――とすることで、集団そのものを納得させる大義も生まれるわけです。多勢に無勢を演出で見立てたわけです。

また、行動経済学で注目された「**ナッジ理論**」では、規則や罰則の力に頼らずに、大衆を無意識に導く効果のある、具体的な方法がいろいろ紹介されています。

ナッジ（ｎｕｄｇｅ）とは、「軽くつつく・そっと後押しする」といった意味です。

繁盛店の入り口床には、行列で並ぶ時の位置が表示されています。レストランメニューには「店長のおすすめ」とか「当店一番人気」の表示例がよくあります。

オランダのスキポール空港の男子トイレの小便器には、内側にハエの絵が描かれたことで、清掃費が８割も削減された事例が知られます。

さらに、ホテルでは「地球環境保護のため、シーツ交換を希望されない方は、この札をベッドに置いてください」という表示で、清掃員の数を劇的に減らせた例や、放置自転車で悩まされる場所には「不要自転車の捨て場です。ご自由にお持ちください」という看板で、不法駐輪を一掃できた例なども知られます。

英国の運転免許証申請時には、「臓器提供者になる・ならない」の選択肢の時はＹＥＳが僅少（きんしょう）でしたが、臓器提供を前提とし、臓器提供者になりたくない人だけＮＯと記すよう変更すると、臓器提供者が激増する結果になっています。これもナッジですが、「**選択的アーキテクチャー**」という**認知バイアス**で「オプトアウト」を利用した例です（選択しない時だけ意思表示させること。逆は「オプトイン」）。

有名なナッジの例では、寿司屋の握りメニューで、「松2000円・竹1500円・梅1000円」とあると、真ん中の「竹」が一番売れることはよく知られています。松は贅沢な気がするのと、期待外れだったら嫌なので敬遠され、梅はチープすぎるので、つい中庸で安心できる「竹」を選んでしまう――原理なのです。

一番売りたい商品がある時は、上と下にも価格差のある同じ系統の商品を並べるとよいわけです。家電製品でもよく使われているマーケティング戦略です。

これは、「**極端の回避性**」を生じさせる**認知バイアス**で、「**アンカリング効果**」「**コントラスト効果**」「**フレーミング効果**」の事例としてもよく扱われます。

まとめ　**表現のしかたで人の行動や選択は変えられる。**

42 色彩であやつる

色彩効果、色彩心理学、イメージカラー効果

私たちの身の回りには色彩が溢れています。また、その色彩によって私たちの認知もいろいろなバイアスを受けることになります。

たとえば、病院の天井や壁などには、青や白といった寒色系や無彩色カラーが多く使われ、清潔感や誠実さ、真面目さなどを醸し出しています。

ファストフード店では、お客を早く回転させるべく、滞在時間が長く感じられる赤系や茶系の暖色系で空間を彩られることが少なくありません。


色彩は、こうした「雰囲気」を演出してくれるだけではありません。

色彩には「重さ」をイメージさせる効果もあります。

白、薄緑、黒の3種類に色分けした大きさの同じ段ボール箱を運ぶ実験では、黒が一番重

く感じられ、一番軽く感じられる白の2倍近い重さを感じさせました。
そして薄緑は、白にかなり近いレベルでの中間の重さ——の体感だったのです。

色彩は、ユニフォームなど服装に用いた場合も、イメージを大きく変化させます。たとえば白は、軽快感があるので体操服や運動靴によく使われます。

また、警察官やガードマン、葬祭関連の制服では、黒系が多く使われます。黒は、威厳や格式、厳かなイメージを演出してくれるからです。

そのため、競技用ユニフォームに黒系を多用すると剛毅さが増し、実力よりも強く映るといった効果も知られます。年齢が若いなど、周囲から軽い扱いを受けやすい人は、黒系のスーツなどで身なりを整えてはいかがでしょうか。

黒は厳粛さを備えているので、重厚感を漂わすのにも最適だからです。

企業が不祥事を起こし、社長以下役員が揃って、謝罪会見をする時などは、全員が黒づくめのスタイルです。「反省」を表す時にも、黒は重宝するのです。

フレッシュ感や爽やかさをイメージさせるなら、青もよいでしょう。

かわいさや茶目っ気を出したいなら、黄色やピンク系もおすすめです。

A社の社葬に行くんだけど…
キミが喪服着るとこわいな…
ゴルフ焼けしてるし…
きっ!
そーすか?

“強面”の人が“黒色”をまとうと迫力満点に!

こうした色彩が、人々の認知にもたらすイメージ効果は、次の通りなのです。

●赤……興奮・熱さ・情熱・躍動・怒り・歓喜・強さ・行動・太陽・積極性
●青……鎮静・清潔・冷静・爽快・フレッシュ・開放・空・海
●黄……明るさ・元気・平和・注意・明朗・嫉妬・闊達・愉快・無邪気
●緑……安らぎ・落ち着き・安心・休息・安寧・息吹・自然・森
●茶……落ち着き・温もり・自然・古風・安定・朴訥・控え目・地味
●白……清潔・純潔・潔白・純真・開放・雲・雪

●黒……重厚・厳格・剛毅・高級・格調・威厳・風格
●ピンク……かわいさ・愛・恋・童心・夢・甘え・優しさ・柔和

いかがでしょうか。**色彩心理学**が教えるイメージ効果が伝わったでしょうか。

なお、これらの色のなかでも、強力なインパクトを放つのは、赤色といわれます。

米国のレストランで、スタッフにさまざまな色のTシャツを着せた実験では、赤色のTシャツを着させた時のスタッフが一番多くチップをもらえたそうです。

赤は血や炎の色に通じ、男女ともに魅力的に輝かせる効果があるといいます。

服装の一部に赤色を採り入れただけでも、情熱的でセクシーに見えるのです。

自分を元気にしたい時は、赤いパンツを穿(は)いたり、服の一部に赤色を添えましょう。

なお、逆に目立ちたくない時には、グレー（灰色）が存在感を薄めるとされます。

まとめ　色彩はその人の印象を変える！

43 ウソを見破る・ウソをつき通す

身体変化の観察

「それってウソでしょ？」などと突然指摘されると、誰でも慌てるものです。

「ウソをつくこと=悪いこと」という「**公正世界仮説**」という**認知バイアス**に反するからです。

まずは「ウソでしょ？」と認知を揺さぶる時の方法です。

- **疑念を指摘した後、黙って見つめる（相手を不安にさせる）。**
- **カマをかける（「見た人がいる」などの決定的な証拠があるかのように匂わす）。**
- **アリバイ証明を求める（真実性を担保する証拠を今すぐ提示するよう促す）。**

こうして追求した場合、ウソをついている時には特徴的な変化が現れます。

バレたら困る——という緊張感によって、平常心ではいられなくなるからです。

●目が泳ぐ。
●早口になる。
●まばたきの回数が増える。
●汗ばむ。
●落ち着きがなくなる。
●言い間違いをする。
●話題を転換したがる。話を終わらせようとする。
●怒って否定する。

その後に何とか話が収束できると、次のような動作や仕草も現れるでしょう。

●唇を舐める。
●口元に手がいく。
●首や胸に手をやる。
●口角の片側が上がる。

あなた！
会社の
部下の娘と
浮気してる
でしょ！
ケケケケケケッ
うぎゃはは…
ひひひ〜っ
ギャハ
ギャハ
ワ、
ワシが…
ぎゃははっ
そんなにモテる
わけないだろ…
買い被りアリガト…
ぎゃひひッ
ぎゃひひ
笑い転げて誤魔化す“高等テクニック”もある！

これらは「バレなかった」「うまく言い逃れた」という時の安堵の仕草です。

こうした相手の反応をしっかり観察することで真偽を見極められるのです。

では反対に、ウソをつき通す時には、どんな手段をとればよいのでしょうか。

●状況の変化で誤魔化す（結果が出ていても途中と言い張る）………たとえば「あの取引は失敗したのか？」と上司に質されても、「〇〇の事情で今はピンチです」と取り繕い、奮闘中の状況を演出して、フェードアウトであきらめさせる。

●事実関係の誤認にする（約束した時は、勘違いによる約束）………「バーキンを買ってくれる約束はウソだったの？」の催促には「実はあんなに高価とは知らなかったんだ、ゴメンよ」と判断ミス・勘違いだったと強調して誤魔化す。

●物的証拠が出ても別の理由を主張する……「このラブホテルの割引券は何？」とパートナーから詰問されたら、「今度の仕事で作る割引券のサンプルとして印刷会社からもらったモノ」と言い張る。

●不可抗力で結果的にウソをつく形になっていると称する……「妻と別れて私と結婚するってウソだったの？」という難詰（なんきつ）には「妻が急に難病になったので、今は事情が変わった。回復したら離婚するよ」と闇雲に先送りにします。

とにかく大胆不敵に堂々とシラを切り、ウソかホントかを曖昧にすることです。

まとめ

ウソを見抜くには、相手の身体の変化に注目しよう。

44 質問のパワー

質問力、過去への質問

会話で他人の認知を揺るがすのに最適なのは「**質問**」です。

質問は、モノを尋ねる時だけの言葉だと思っていたら、それは間違いです。

質問は、あらゆる会話において「攻守のスキル」となるからです。

たとえば、認知が混乱して何を話してよいか迷ってしまい、会話が途切れてしまった時、「5W1H」を思い浮かべれば、たちどころに会話を繋(つな)げられます。

- 「いつ(When)頃のお話ですか？」
- 「どこで(Where)始められたのですか？」
- 「誰が(Who)協力してくれたのですか？」
- 「何を(What)意味しますか？」

●「なぜ（Why）そういう結果になったのでしょうか？」
●「どのように（How）感じられましたか？」

これらの質問の要諦は、「YES」「NO」などの閉鎖的な回答になりがちな「**クローズド・クエスチョン**」でなく、自由な回答を導くことのできる「**オープン・クエスチョン**」になっているところです。これなら次々と会話のキャッチボールを続けられることでしょう。

また、70頁（項目14）で紹介した「**ディスペーシング**」のように、パワハラ上司や悪質クレーマーと対峙した時に、「どうしろとおっしゃるのですか？」などと相手への冷静な質問で、攻撃をひねり返す効果も期待できるでしょう。

人は、質問されたら答えなければならない――と無意識の刷り込みがあります。ゆえに不意打ちで質問されると言葉に詰まり、こちらの冷静な態度へとペーシングせざるをえなくなってくるのです。

たとえば、相手がこちらを説得しようと、主導権を握り、えんえんと力説してきた時にも、

なるほど…その発想が窮地を救ってくれたんですね！
スゴイです！
なぜ、そんな素晴らしいアイデアが生まれたのでしょうか？
ワッハッハ！
いい質問だね、キミ！
そこだよ、そこ！
ワシはピンチこそチャンスととらえ…

「質問」は相手を“いい気分”にさせる効果もある!

「それは、なぜですか？」「何で、そうなりますか？」「どうしてですか？」などと合いの手を入れるかのように、質問で切り込めば、相手はだんだん辟易し、話の腰も折られてしまうでしょう。質問は、このように相手の攻勢をストップさせるうえでも、偉大なパワーを秘めているのです。

さらに質問は、相手が明確な自分の欲求を見出していない時にも、相手の真のニーズを探るのに役立ちます。その場合は、「過去の時間軸」をベースにした質問を心がけることです。

次の問答を比較してみてください。

●未来への質問……店員「どんな冷蔵庫をお探しですか？」→お客「うーん、大型かな……、

とにかく大きいのがいいと思ってるけど……」

●現在への質問……店員「今お使いの冷蔵庫はどんなのでしょうか？」→お客「400Lぐらいかな……あ、違うかも……。これと同じぐらいかな」

●過去への質問……店員「今までの冷蔵庫でお困り事は？」→お客「冷凍庫が小さくて冷凍食品が入らない」→店員「ではこちらへどうぞ！」

「**過去への質問**」をした時が、一番具体的な回答になるのがおわかりでしょう。

商談でニーズを探る時には、「**過去への質問**」が最もパワーを発揮するのです。

とりわけ、ポイントとなるのは、「過去の不満」を尋ねることです。この質問で、自身も明確に絞り込めていない、真のニーズが浮かび上がることが多いからです。

まとめ　**質問は、あらゆる会話で「攻守のスキル」になる！**

45 ライバルをぐだぐだにする

認知の攪乱(かくらん)、皮肉過程理論、接種理論

アメリカの心理学者ダニエル・ウェグナーによる「シロクマ実験」は有名です。

3つのグループに分けた学生に、シロクマの映像を見せた後、「シロクマのことをよく覚えておくように」「シロクマのことは考えても考えなくてもどうでもよいから」「シロクマのことだけは絶対考えないように」と3通りの指示を出します。

そしてその後に調べると、「絶対考えないように」と命じられたグループが一番シロクマに対する記憶が鮮明だった——という結果なのでした。

ある特定の事柄を早く忘れよう、考えないことにしよう——などと意識するほど、人はその事柄から意識が離れられなくなるという現象です。

ウェグナーが「**皮肉過程理論**」の実証として行ったこの結果ですが、実は誰にでも経験の

あることでしょう。

ダイエットのため、スイーツは一切控えようと決心すると、かえって毎日のようにスイーツが食べたくなる――。今日から禁酒しようと誓ったけれど、やはりそれは今日からではなく、明日からにしよう――。

このように、たちまち決意が揺らいでしまうのは、「**皮肉過程理論**」による**認知バイアス**の影響なのです。

ところで、この**認知バイアス**を使った「**ライバルをぐだぐだにする**」という意地悪な方法があるのです。邪悪なメソッドですが、ピンチの時に使えば、ライバルに先んじることができるかもしれません。覚えておくとよいでしょう。

もし、あなたが競い合って何かをプレゼンする際、あなたが発表前のライバルにひと言、次のように話しかけたら、ライバルの認知はどうなるでしょうか。

「きみさー、新宿・歌舞伎町の変な店に出入りしてるって噂で聞いたけど、どんな店に通ってるの?」

いいか！
今が踏ん張りどころだぞ…
会社を辞めようなんて考えるなよ！
う〜〜ん
やっぱ辞めるのが一番正解のように思えてきた…

不用意な発言での説得が逆効果になることも…

「きみさー、話す時にやたらと『えーそれでは……』とか『えーこれは……』って、『えー』が多いけど、今日のプレゼンは役員も聴きに来ているから、『えー』って言わないほうがいいよ。気をつけてね」


突然、こんなことをプレゼン前に言われた人は、大いに混乱してしまいます。

「え？　誰がそんなこと吹聴してるんだ？」と問い返すでしょう。

「そ、そうなの？　俺って『えー、えー』って言ってるの？」と慌てます。

ライバルがてきめん動揺してしまうのです。

「さあ、誰だったかなあ、忘れちゃったけど……」などと誤魔化したり、「『えー』っていう自分の口癖に気づいてなかったの？　そりゃ、今気がついてよかったね」などと、すっとぼければ、悪気がないこととして「完全犯罪」が成り立ちます。

人は、自分の悪い噂が流れていることを知ったり、突然自分の悪癖を指摘されると、その時点での認知は大きく揺らぎます。

しかし、「**皮肉過程理論**」という**認知バイアス**があることを知っていれば、慌てることもないでしょう。大事な場面で「足を引っぱる輩がいること」を想起するだけです。「ははーん、コイツ俺を動揺させる魂胆（こんたん）だな」と思えばよいのです。

事前に、マイナスの事象で足を引っぱる存在がある——このことを理解していれば、ウイルスに感染する前のワクチンのようなはたらきが得られます。

心理学ではこれを「**接種理論**」と呼び、広く知られる予防法ともなっています。

まとめ

考えないようにしようと思うほど、その事柄が頭から離れなくなる。

神岡真司（かみおか・しんじ）

ビジネス心理研究家。日本心理パワー研究所主宰。

最新の心理学理論をベースにしたコミュニケーションスキル向上指導に定評がある。法人対象のコミュニケーショントレーニング、人事開発コンサルティング、セミナー開催などで活躍中。

著書に、『最強の心理学』（すばる舎）、『思い通りに人をあやつる心理テクニック101』（フォレスト出版）、『嫌いなヤツを消す心理術』『口下手・弱気・内向型のあなたのための弱みが強みに変わる逆転の心理学』（以上、清流出版）、監修書に、35万部のベストセラーとなった『ヤバい心理学』や、『もっとヤバい心理学』（以上、日本文芸社）がある。

ブックデザイン・図版制作　山崎平太（ヘイタデザイン）

脳のクセを徹底活用！

「認知バイアス」最強心理スキル45

2024年2月26日　初版第1刷発行

著者　神岡真司
Ⓒ Shinzi Kamioka 2024,Printed in Japan

発行者　松原淑子
発行所　清流出版株式会社
〒101-0051
東京都千代田区神田神保町3-7-1
電話　03-3288-5405
ホームページ　https://www.seiryupub.co.jp/

編集担当　秋篠貴子
印刷・製本　シナノパブリッシングプレス

乱丁・落丁本はお取替えいたします。

ISBN978-4-86029-558-5

本書をお読みになった感想を、QRコード、URLからお送りください。
https://pro.form-mailer.jp/fms/91270fd3254235